Inhaltsangabe

Malen lernen – eigene Kreativität entdecken!

„Kunst ist mein Lieblingsfach! Und am liebsten male ich mit Wasserfarben."
Dies sagte ein Mädchen aus einem 1. Schuljahr zu mir und strahlte, als wir wieder einmal gemeinsam zum Kunstraum gingen.
Malen mit Wasserfarben steht bei den meisten Kindern ganz hoch im Kurs. Auch Lehrerinnen und Lehrern, die nicht Kunst studiert haben, möchte ich wieder Mut machen, mit Kindern in die Welt der Farben einzutauchen.

Zugegeben, kaum ein anderes Fach verlangt so viel Vorüberlegungen, Planung und Organisation wie Kunst. Dieses Heft wird Ihnen helfen, Ihren Kunstunterricht gut vorzubereiten und auch Spaß daran zu haben, selbst kreativ zu werden.

Fast alle Gestaltungsaufgaben sind in **allen Jahrgängen** durchführbar. Wer aber – als blutiger Anfänger – das erste Mal mit einem ersten Schuljahr die Welt der Farben erobern möchte, dem empfehle ich auch, in den beiden Vorgängerheften der Reihe „Malen lernen mit Kindern" zu blättern.

Auch in diesem Heft finden Sie zu jedem Gestaltungsthema eine Kopiervorlage. Diese dient in erster Linie als Zeichenhilfe für die Kinder. Sie als (fachfremder) Lehrer können die Kopiervorlage auch sehr gut dazu nutzen, unkompliziert das Thema selbst auszuprobieren. Ganz nebenbei haben Sie dann auch ein motivierendes Beispielbild.

Ich möchte Sie auch motivieren, mit Kindern Wände der Schule zu gestalten. Sie finden auf den letzten fünf Seiten dieses Heftes ein recht einfaches Thema mit großer Wirkung für Ihre Schule.

Tauchen Sie also gemeinsam mit Ihren Kindern ein in die Welt der Farben, lassen Sie sich von der Unbefangenheit Ihrer Kinder anstecken und erleben Sie die Freude an der eigenen Kreativität!

Ihre
Astrid Friedrich

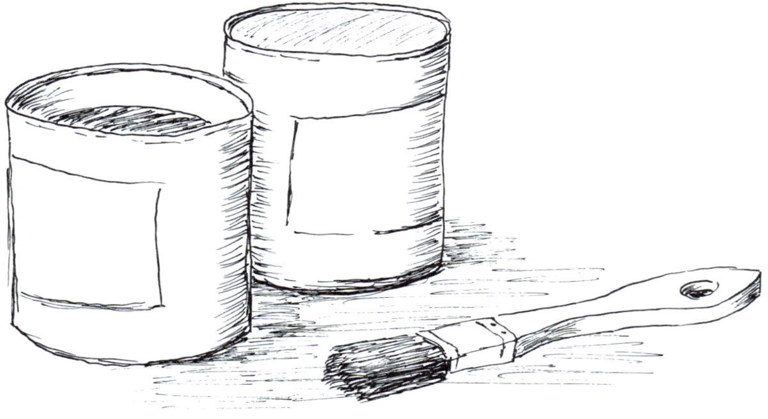

Lehrplan Kunst

„Aufgabe des Kunstunterrichtes in der Grundschule ist es, Freude und Interesse an ästhetischen Ausdrucksformen zu wecken und zu fördern. (...) Im Kunstunterricht haben Schülerinnen und Schüler die Möglichkeit, ihre Erfahrungen, ihre Vorstellungen, Fantasien und Gefühle produktiv zum Ausdruck zu bringen. Es ist daher entscheidend, den Schülerinnen und Schülern Techniken und Verfahren zu vermitteln, (...)."

(aus: Lehrplan Kunst Grundschule NRW, Seite 99)

Bezogen auf den Lehrplan finden Sie in diesem Heft Gestaltungsthemen zu folgenden Bereichen:

- Räumliches Gestalten
- Farbiges Gestalten
- Grafisches Gestalten
- Textiles Gestalten
- Gestaltung mit technisch-visuellen Medien

Nicht berücksichtigt wurden die Bereiche:

- Szenisches Spiel
- Auseinandersetzung mit Bildern und Objekten

Hauptschwerpunkt bildet der Bereich „Farbiges Gestalten" mit dem Anliegen, den Kindern verschiedene **Techniken** und **Hilfsmittel** nahezubringen, diverse Malwerkzeuge auszuprobieren, **gestalterische Möglichkeiten** zu erproben und im Umgang mit der Farbe, viel über **Farben und Farbwirkungen** zu erfahren.

Um später eigene Vorstellungen, Fantasien und Gefühle kreativ zum Ausdruck bringen zu können, müssen die Kinder erst einmal das **„Handwerk"** erlernen. Damit dieser Lernprozess Spaß macht, sind die Themen so gewählt, dass die Bilder immer gelingen und für die Kinder ansprechend sind.

Zu jedem Thema finden Sie die Einordnung in **Bereiche & Schwerpunkte** und die **Kompetenzerwartungen.** Der Verständlichkeit halber habe ich zudem die **Lernziele** aufgelistet.

Unter Berücksichtigung der Kompetenzerwartungen finden Sie zu jedem Thema verständlich formulierte Hinweise zur **Leistungsbewertung.**
Diese können auch den Kindern an die Hand gegeben werden, sodass für sie die Bewertung transparent gemacht wird.

Maltechniken & Malwerkzeuge

Für die Themen in diesem Heft haben wir in erster Linie den Wasserfarbkasten genutzt und außer dem Borstenpinsel auch andere Malwerkzeuge.

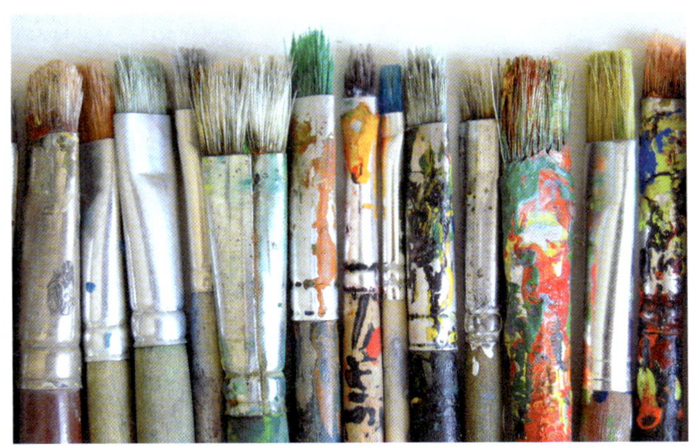

Borstenpinsel

Als Grundausstattung sollte für jedes Kind ein dünner (2 oder 4 mm), ein mittlerer (6 oder 8 mm) und ein dicker (10 oder 12 mm) Borstenpinsel zur Verfügung stehen.
Grundsätzlich wird die Farbe immer mit dem Borstenpinsel angerührt. Die Farbe ist dann richtig angerührt, wenn sich auf der Oberfläche des Farbnäpfchens kleine Bläschen bilden.

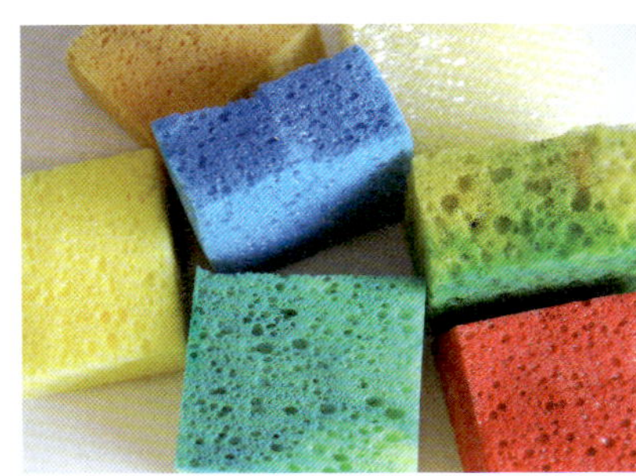

Malschwämme

Insbesondere zum Anlegen von einfarbigen Hintergründen ist der Malschwamm hervorragend geeignet. Mit seiner Hilfe können die Kinder recht flott gleichmäßig größere Flächen einfärben.
Als Malschwämme eignen sich zum Beispiel kleingeschnittene Tafelschwämme (etwa 5 x 5 cm groß und 3 cm dick).
Beim Umgang mit dem Malschwamm ist es wichtig, ihn vor dem Malen mit Wasser anzufeuchten und das überschüssige Wasser auszudrücken. Dies bereiten Sie am besten kurz vor der Kunststunde vor.
Die Farbe wird dann mit dem Borstenpinsel auf den Schwamm aufgetragen. Wird die Farbe direkt mit dem Schwamm aus dem Farbkasten genommen, kann es schnell zu Verunreinigungen der anderen Farben im Farbkasten kommen.

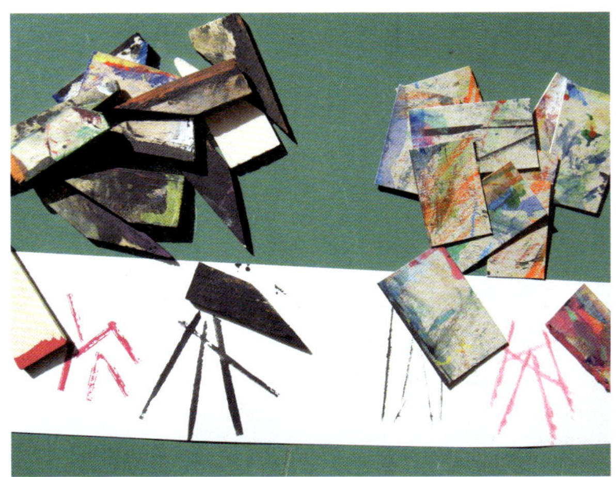

Pappstreifen & Holzplättchen

Farbe kann natürlich auch auf das Papier „aufgedruckt" werden. Mit dicken Pappstreifen, kleinen Holzplättchen (wir haben die Keile von Keilrahmen benutzt) oder alten Holzlinealen lassen sich sehr gut Linien drucken. Auch hier wird die Farbe erst mit dem Borstenpinsel angerührt, mit dem Pinsel auf die Papp- oder Holzkante aufgetragen und dann abgedruckt. Oft kann man mehrfach abdrucken, bevor wieder neue Farbe aufgetragen werden muss.

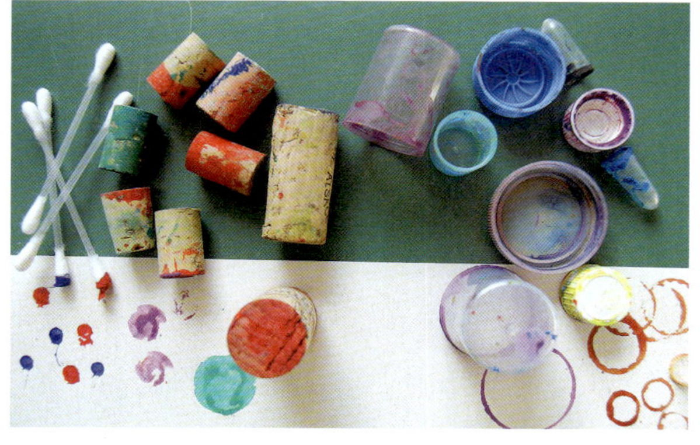

Deckel, Verschlüsse & Wattestäbchen

Eine Sammlung alter Deckel von Wasserflaschen, Medikamentengläschen, Kosmetikfläschchen, aber auch Korken aller Art sind tolle Helfer, um Punkte und Kringel auf das Papier zu zaubern.

Die Farbe wird wieder mit dem Borstenpinsel angerührt und dann mit dem Pinsel auf die Kante des Deckels aufgetragen. Auch hier sind mehrfache Abdrucke möglich.

Nutzt man Wattestäbchen, so kann man diese in die mit dem Borstenpinsel angerührte Farbe tupfen. Für eine andere Farbe ein neues Wattestäbchen benutzen.

Stoffreste & Papiere

Natürlich kann man mit Stoff und Papier ebenfalls Farbe auf das Papier auftragen. In diesem Heft finden Sie jedoch Gestaltungsaufgaben, bei denen farbige Stoffe und Papiere als farbgestaltende Collagemittel genutzt werden.

Stoffreste üben auf Kinder immer eine große Faszination aus. Schon allein das „Auswählen & Anfühlen“ der Stoffe in der Stoffkiste machen Spaß. Die Kinder lernen ganz nebenbei verschiedene Stoffe und deren Eigenschaften kennen.

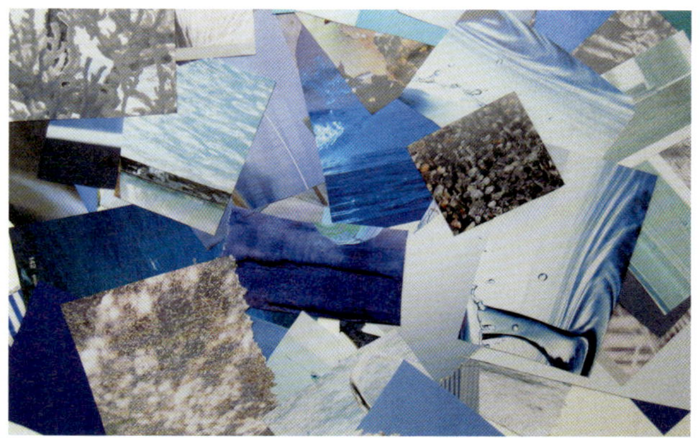

Verschiedene Geschenkpapierreste, aber auch Bilder aus Zeitschriften eignen sich hervorragend als Materialien für eine Collage und erzielen eine enorme Wirkung.

Malpapiere & Formate

Ich bin der Meinung, malen kann man auf (fast) jedem Papier. Wichtig ist, dass das Papier genügend Saugkraft hat.

Besonders preiswert sind lose Malblätter, die es im 500er Paket zu kaufen gibt. Diese passen in der Regel auch in den Kopierer, sodass Sie die Kopiervorlagen leicht auf DIN-A3-Format hochkopieren können.

Einige Gestaltungsaufgaben aus diesem Band sind auf quadratischen Formaten (geschnitten aus DIN-A3-Malpapier) entstanden, andere auch auf halben DIN-A3-Formaten, der Länge nach geteilt.

Das Spiel mit dem Format birgt neue Ausdrucks- und Gestaltungsmöglichkeiten. Insbesondere das „halbe“ Format kam bei den Kindern gut an.

Kopiervorlagen & Kunsttagebuch (Skizzenbuch)

Zu fast jeder Gestaltungsaufgabe finden Sie in diesem Band eine Kopiervorlage. Diese ist mit pädagogischem Geschick einzusetzen.
In erster Linie biete ich den Kindern die Vorlage als Zeichenhilfe an. Ab Klasse 2 führen die Kinder bei mir ein **Kunsttagebuch (Skizzenbuch).** Es gibt sehr preiswert Hefte ohne Linien im DIN-A5-Format zu kaufen. Sie können solche Hefte aber auch selbst basteln.
Die Vorlage hänge ich an der Tafel und an zwei weiteren, gut sichtbaren Stellen auf. Die Kinder können dann mit Hilfe dieser Vorlage eine eigene individuelle Zeichnung anfertigen. Der fertige Entwurf aus dem Kunsttagebuch wird anschließend auf das DIN-A3-Malpapier übertragen.

Beispiele aus dem Skizzenbuch der Kinder zum Thema „Eule" (Seite 27):

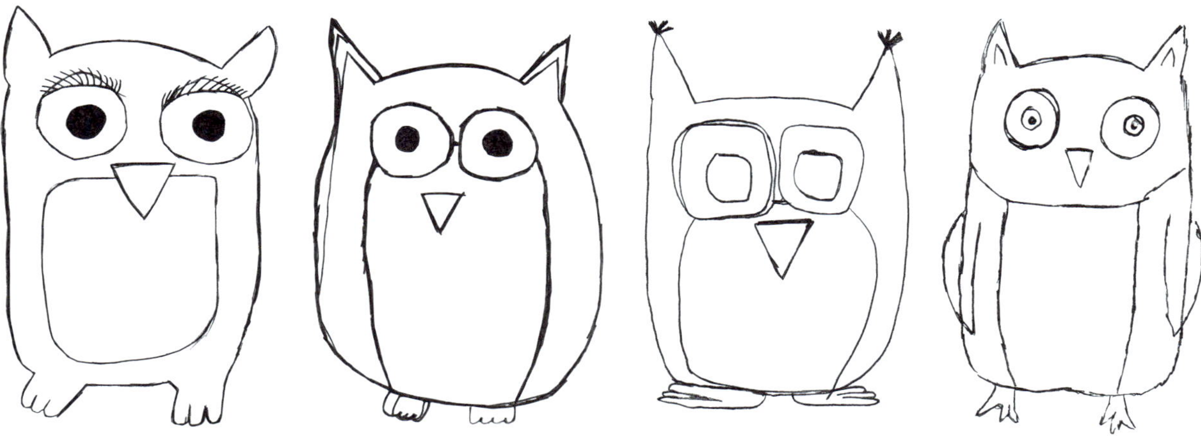

Für den Entwurf dürfen meine Kinder „nur" den Bleistift benutzen, das bedeutet, radieren ist nicht erlaubt. Bei neuen Klassen ist dies anfangs ein Problem, aber sehr schnell gewöhnen sich die Kinder daran, mit dem Bleistiftstrich „suchend" die richtige Form zu finden und diese dann kräftig nachzuzeichnen.
Ich möchte Sie dazu motivieren, mit Kindern ein solches Kunsttagebuch zu führen, da es die Zeichenfertigkeit der Kinder enorm schult. Nebenbei erhalten Sie und die Kinder einen guten Überblick über die Gestaltungsthemen des Schuljahres. Auch Bewertungskriterien oder Infos zu Künstlern u. Ä. können eingetragen und nachgeschlagen werden.

Natürlich kann die **Kopiervorlage** schwachen Zeichnern, motorisch ungeschickten Kindern oder Kindern mit besonderem Förderbedarf (Inklusion) auf DIN A3 vergrößert die eigene Vorzeichnung ersparen, sodass sich das Kind ganz auf die malerische Aufgabe konzentrieren kann.

Für Sie als (fachfremde) Kunstlehrerin bietet die Kopiervorlage die Möglichkeit, ohne viel Aufwand ein **Beispielbild** zu erstellen. Dabei tauchen auch Sie in die Welt der Farben ein und können den Kindern noch besser Tipps für die Umsetzung geben.
Sie werden überrascht sein, wie stark der Aufforderungscharakter Ihres Bildes sein wird. Die Bewunderung Ihrer Kinder ist Ihnen sicher.

Organisation des Kunstunterrichtes

Damit (auch) Kunstunterricht diszipliniert abläuft und allen Beteiligten Spaß bereitet, hier einige bewährte Tipps und Tricks für die Praxis.

1. Material zentral anschaffen und deponieren

In vielen Klassen ist es üblich, dass jedes Kind eine Kiste oder ein Fach mit seinem Material besitzt. Für den Fachunterricht Kunst bringt dies zu Beginn der Stunde unnötige Unruhe und Wartezeiten mit sich, bis jedes Kind sein Material geholt hat.

Mein Tipp:

- **Besorgen Sie** die Grundausstattung für die Klasse (s. Liste auf S. 9).
- **Richten Sie ein Kunstregal** ein, in dem das Material für den Kunstunterricht **zentral** gelagert wird. Nach Bedarf teilt ein Kunstdienst dieses dann aus.
- Beschriften Sie die Farbkästen oben auf dem Deckel groß und lesbar mit den Namen der Kinder. Sortieren Sie diese dann, zum Beispiel nach Tischgruppen oder Jungen / Mädchen, in Plastikkisten (z. B. aus dem Baumarkt).
- Jede Tischgruppe erhält:
  - ein großes Glas mit diversen Pinseln und Zahnbürsten,
  - ein Körbchen mit Malschwämmen und Spachteln oder Eislöffeln,
  - ein Körbchen mit Scheren und Kleber.
  - Papier lagern Sie zentral. So können Sie, je nach Bedarf, Kopiervorlagen hochkopieren oder einzelne Blätter schnell verteilen.

2. Kunstdienst einrichten

Bereiten Sie gemeinsam mit zwei bis vier Kindern den Kunst- oder Klassenraum bereits in der Pause vor dem Kunstunterricht vor. Bei einem ersten Schuljahr bietet es sich an, dies zunächst mit einer festen Gruppe von etwa vier Kindern durchzuführen. Nach einigen Wochen kann diese Gruppe dann auch ohne Lehrer agieren. Ab und zu sollten Sie die Gruppe wechseln.

Die Aufgaben des Kunstdienstes:

- Tische abdecken (Wachstuchdecken)
- Material bereitstellen, Wassergefäße füllen und verteilen
- eventuell angefangene Arbeiten oder Malpapier austeilen

3. Platz zum Trocknen der Bilder & Farbkästen schaffen

Wichtig ist, dass die Kinder genau wissen, wo sie ihre feuchten Bilder ablegen können. Richten Sie dazu einen festen Platz ein. Ein Trockenregal ist nicht nur bei Platzmangel eine gute Lösung.

Aber auch die Farbkästen müssen erst trocknen, bevor sie wieder in die Kisten geräumt werden! Auch hier einen festen Platz anweisen. Wir nutzen dazu die Fensterbank. Im Sommer hilft die Sonne beim Trocknen, im Winter die Heizung.

4. Zeit planen

Kreativität braucht Zeit und Muße. Gerade bei Einzelstunden ist es wichtig, dass die Kinder direkt zu Beginn der Stunde mit der praktischen Arbeit beginnen können. Unterrichten Sie in Ihrer eigenen Klasse Kunst, bietet es sich an, die Aufgabenstellung schon in den letzten Minuten der vorangehenden Stunde zu besprechen.

Als Fachlehrerin für Kunst in einer fremden Klasse hat es sich bei mir bewährt, den Unterricht in zwei Phasen zu gliedern:

1. In den Einzelstunden wurden das Gestaltungsthema besprochen, eventuell neue Techniken erklärt, Skizze und Vorzeichnung angefertigt.
2. In der Doppelstunde wurde dann das Thema mit Farben bearbeitet.
3. Für „flotte" Kinder sollten Sie immer noch eine kleine Aufgabe bereithalten. Ich habe immer einen Stapel weißer DIN-A6-Karten dabei, auf denen die Kinder das gleiche Bild in Miniatur zeichnen (und mit Buntstiften kolorieren) dürfen.

5. Arbeitsregeln vereinbaren

Kinder genießen den Kunstunterricht auch, weil er ihnen Freiräume zum Erzählen bietet. Diese Freiräume möchte ich Ihren Kindern nicht verwehren, doch Kreativität braucht auch Ruhe und Stille. Deshalb sollten Sie mit Ihren Kindern gemeinsam Arbeitsregeln vereinbaren. Wann sind Redezeiten erlaubt, wann sind Ruhezeiten sinnvoller? Eine Ruheampel einzusetzen ist eine Möglichkeit. Oft hilft es aber auch, wenn Sie beim Malen zum Beispiel ruhige oder meditative Musik laufen lassen. Sie werden erstaunt sein, wie sehr Kinder die Ruhe beim Malen genießen können.

6. Ernstnehmen der künstlerischen Ergebnisse

Die gemeinsame Betrachtung und Besprechung (mit Benotung) der Kunstwerke gehört ebenfalls zum Kunstunterricht. Hierbei sollten möglichst alle Ergebnisse berücksichtigt werden. Oft ist es zeitlich zu aufwändig, dies bei jedem Thema durchzuführen. Besprechen Sie daher exemplarisch einige Themen.

7. Bewertung

Schon vor dem Gestaltungsprozess müssen den Kindern die Bewertungskriterien klar sein. Scheuen Sie sich nicht davor, die Kinder aktiv in die Bewertung einzubeziehen. Nutzen Sie ruhig auch einmal eine Kunststunde dazu, gemeinsam die fertigen Bilder zu betrachten und zu bewerten. Auch die Selbsteinschätzung ist eine gute Sache.

8. Präsentation

Die Bilder der Kinder gehören zur Dekoration an die Wände des Klassenraumes oder der Flure und nicht in die Sammelmappe.

Kleben Sie die Bilder auf farbigen Fotokarton (preiswerter ist Tonpapier). Zu jedem Thema erhalten Sie unter „Präsentation" Tipps zur Farbwahl.

Hängen Sie möglichst immer aktuelle Bilder auf. Der Stolz Ihrer Kinder wird Sie belohnen. Lassen Sie sich beim Aufkleben und Aufhängen der Bilder von geschickteren Kindern helfen.

Wenn Praktikanten den Unterricht begleiten, ist dies auch eine sinnvolle Aufgabe für sie!

Grundausstattung für den Kunstunterricht

(für 25 bis 30 Schüler)

Farben (Verbrauchsmaterial)

- einen qualitativ guten Farbkasten (12 Farben) pro Kind
  (Sie sollten die Grundfarben für jedes Kind einmal auf Vorrat dazukaufen.)
- eine Flasche Deck-Mischweiß (500 ml)
- 15 Pakete Öl- oder Wachsmalkreiden
- 15 schwarze Marker

Pinsel

- je 10–15 Borstenpinsel in den Pinselstärken 2, 4, 6, 8
- je 5 Borstenpinsel in den Pinselstärken 10 und 12
- eventuell einige Haarpinsel (je 6 Stück in den Pinselstärken 2, 4, 6, 8)

Sonstiges

- etwa 30 Malschwämmchen (mit Aufbewahrungskörbchen)
- etwa 20–30 Pappstreifen (Verbrauchsmaterial) oder Holzplättchen in verschiedenen Breiten (mit Aufbewahrungskörbchen)
- Stoffreste aller Art
- Wattestäbchen und Verschlussdeckelchen aller Art und Größen

Papier (Verbrauchsmaterial)

- Malpapier: 500 Blatt in DIN A3
- Zeitschriften, Geschenkpapiere
- für jedes Kind ein Kunsttagebuch (Skizzenbuch) DIN A5 blanko

Notwendig sind

- für je zwei Kinder ein Wassergefäß (z. B. Einmachgläser, große Gurkengläser o. Ä.)

Hilfreich sind

- ein Kunstregal, in dem alles seinen festen Platz hat
- Wachstuchdecken zum Abdecken der Tische (möglichst jeweils in der Größe einer Tischgruppe)
- Küchenrollen zum Trockentupfen der Pinsel für die Kinder (Verbrauchsmaterial)
- ein Trockenregal zum platzsparenden Trocknen der Bilder
- diverse Dosen oder Einmachgläser zum Aufbewahren der Pinsel und Zahnbüsten
- eventuell Pappen als Malunterlage (für die Arbeit mit dem Marker)
- ein Schwammtuch pro Tischgruppe zum Säubern der Tischdecken und Tische

Von **Malkitteln** rate ich ab.
Ich habe die Erfahrung gemacht, dass Kinder konzentrierter und verantwortungsvoller mit Farbe, Pinsel und Wasser umgehen, wenn kein Kittel im Spiel ist. Bei großen Malaktionen (z. B. Wand- oder Schulhofbemalungen) bestelle ich die Kinder in „alten“ Sachen.

Mein Name im Quadrat

Zeit
2–3 Unterrichtsstunden

Material
Malpapier (DIN-A3-Format als Quadrat geschnitten), Bleistift, Farbkasten, Borstenpinsel, eventuell Wachsmalkreiden

Bereiche & Schwerpunkte
Farbiges Gestalten und Grafisches Gestalten mit den Schwerpunkten Erproben von Materialien und Techniken, Zielgerichtet gestalten und Präsentieren.

Lernziele & **Kompetenzerwartungen**
- Einteilen der vorgegebenen Großform (Quadrat) in 16 Kleinformen
- bewusster Einsatz der Schrift als Gestaltungselement
- Komplementärkontrast bewusst als Gestaltungselement einsetzen
- plakativer Farbauftrag mit dem Pinsel
- **Erweitern der technischen Fähigkeiten im Umgang mit Farben, Farbmaterialien und Werkzeugen**
- **Experimentieren mit Farbwirkungen**
- **Gestalten von Schriftzeichen nach eigenen Vorbildern**

Tipp für Fachlehrer
Dieses Thema ist hervorragend geeignet, wenn Sie eine neue Klasse in Kunst unterrichten. Sie lernen beim Malen recht zügig die Namen der Kinder.

Zur Erinnerung
Die folgenden Farbpaare sind komplementäre Farbpaare:

Rot & Grün
Blau & Orange
Gelb & Violett

Für die Kinder ist es hilfreich, wenn Sie die komplementären Farbpaare vorher noch einmal wiederholen.

Vorgehensweise

Vorbereitung
Jedes Kind erhält ein quadratisches Malpapier.

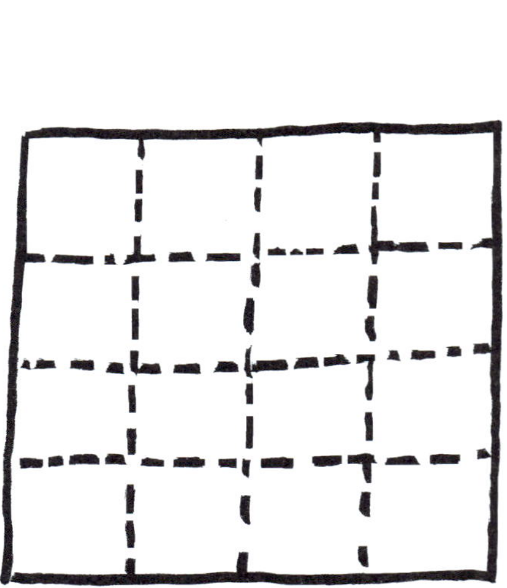

Dieses wird wie folgt gefaltet
Halbiert (Buch), Seiten auf die Mittelpfalz geknickt (Schrank), auseinandergefaltet, um 90 Grad gedreht, wieder halbiert, wieder die Seiten auf die Mittelpfalz geknickt, sodass 16 Quadrate entstehen.

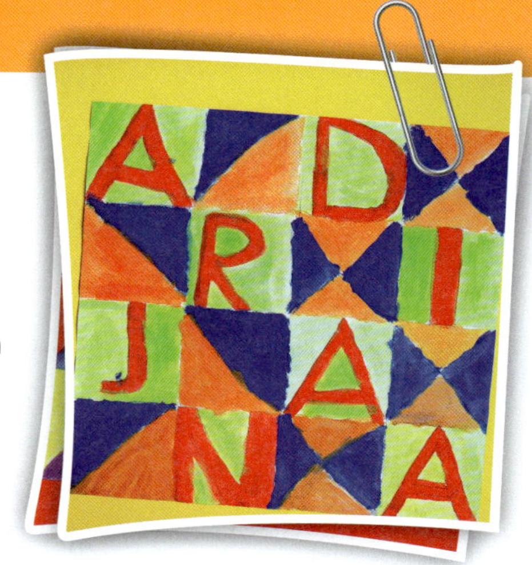

Vorzeichnung

Je nach Länge des Namens werden die Buchstaben in die 16 Quadrate eingetragen. Dabei ist es wichtig, dass jeder Buchstabe ein ganzes Feld ausfüllt und eine Fläche zum Ausmalen erhält. Die Anordnung der Buchstaben sollte ein Muster bilden, zum Beispiel eine Diagonale, jedes zweite Kästchen, Reihen untereinander o. Ä.

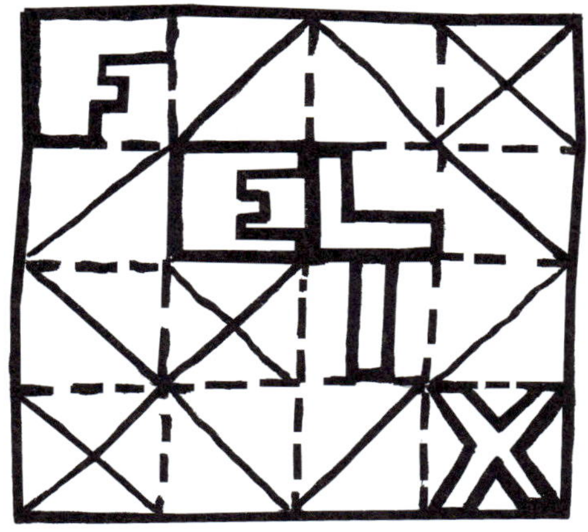

Die freien Kästchen erhalten eine oder zwei Diagonalen. Auch hier können die Kinder diese bewusst einsetzen.

Farbige Gestaltung

Die Buchstaben sollen alle in derselben Farbe ausgemalt werden. Gewählt werden kann zwischen den Grundfarben (Rot, Gelb, Blau) und den Mischfarben der 1. Ordnung (Orange, Grün, Violett). Der Hintergrund der Buchstabenfelder muss dann in der Komplementärfarbe ausgemalt werden.

Anschließend werden auch die anderen Quadrate mit den Komplementärfarben ausgemalt. Dabei wird das Farbpaar von Buchstabe und Hintergrund nicht mehr verwendet. Die angrenzenden Felder dürfen nicht dieselbe Farbe erhalten.

Tipp

Falls ein Kind seine Felder nicht sehr sorgfältig ausgemalt hat, kann es die Konturen mit Wachsmalkreide, möglichst in derselben Farbe, nachziehen.

Präsentation

Kleben Sie die Bilder zum Aufhängen auf farbigen Fotokarton und schneiden Sie die Fotokarton-Bögen vor dem Aufkleben quadratisch zu.

Variation des Themas

Je nach Länge des Namens kann dieser auch mehrfach eingetragen werden. Dann sollte jeder einzelne Name ein anderes Komplementärfarbpaar erhalten.

Kriterien zur Leistungsbewertung

1. Wurden die Buchstaben nach einem Muster / System angeordnet?
2. Wurden die Diagonalen bewusst angeordnet?
3. Wurden die Farben gut angerührt und die Felder gleichmäßig ausgemalt?
4. Wurden immer die passenden komplementären Farbpaare benutzt?
5. Wie ist der Gesamteindruck?

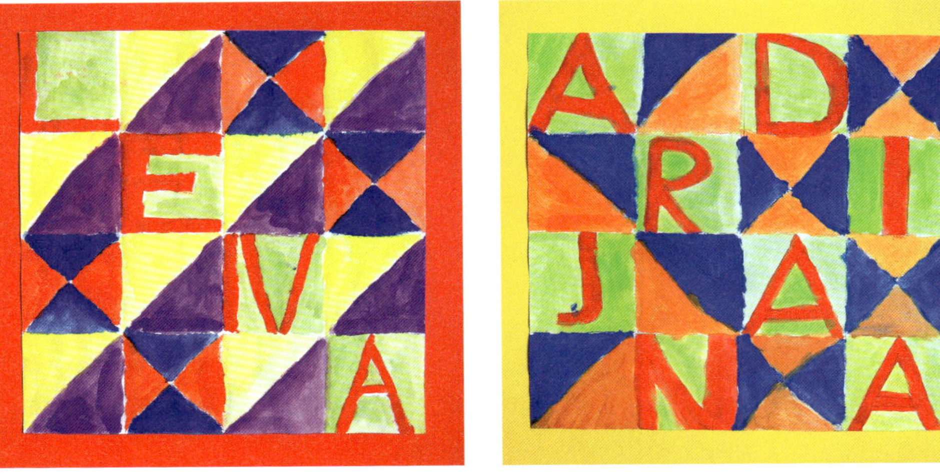

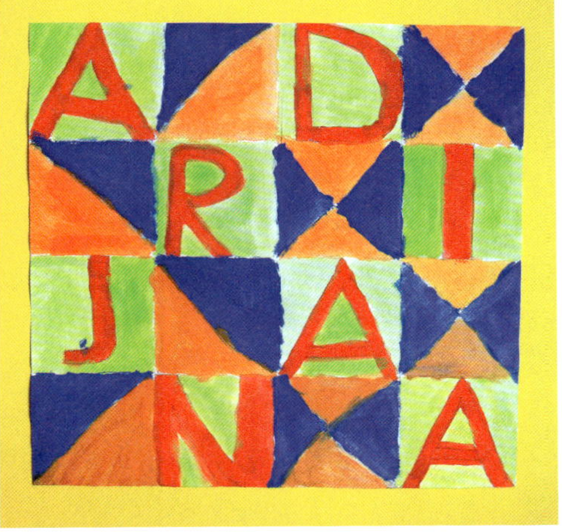

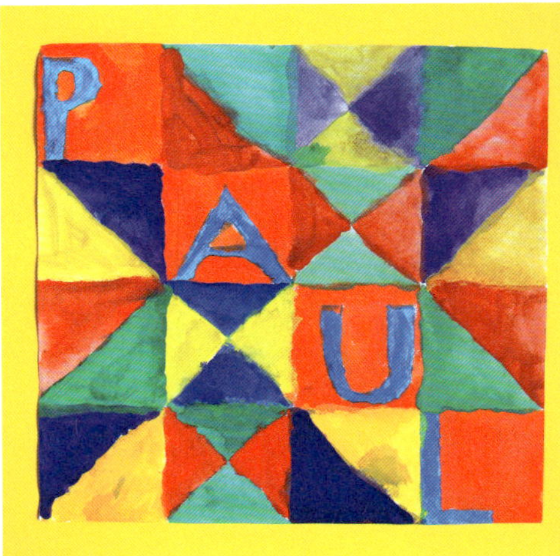

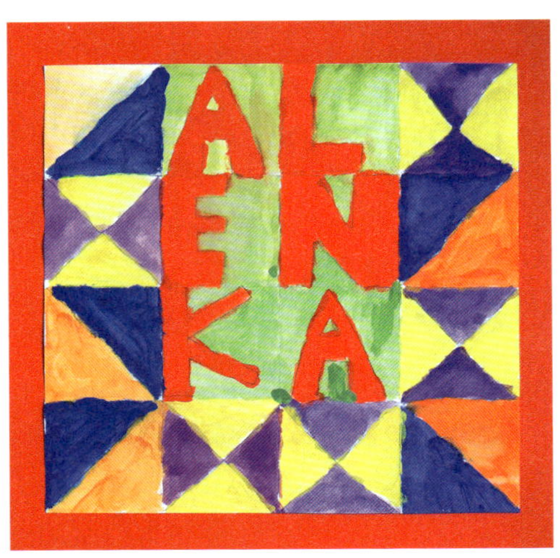

Schülerbeispiele

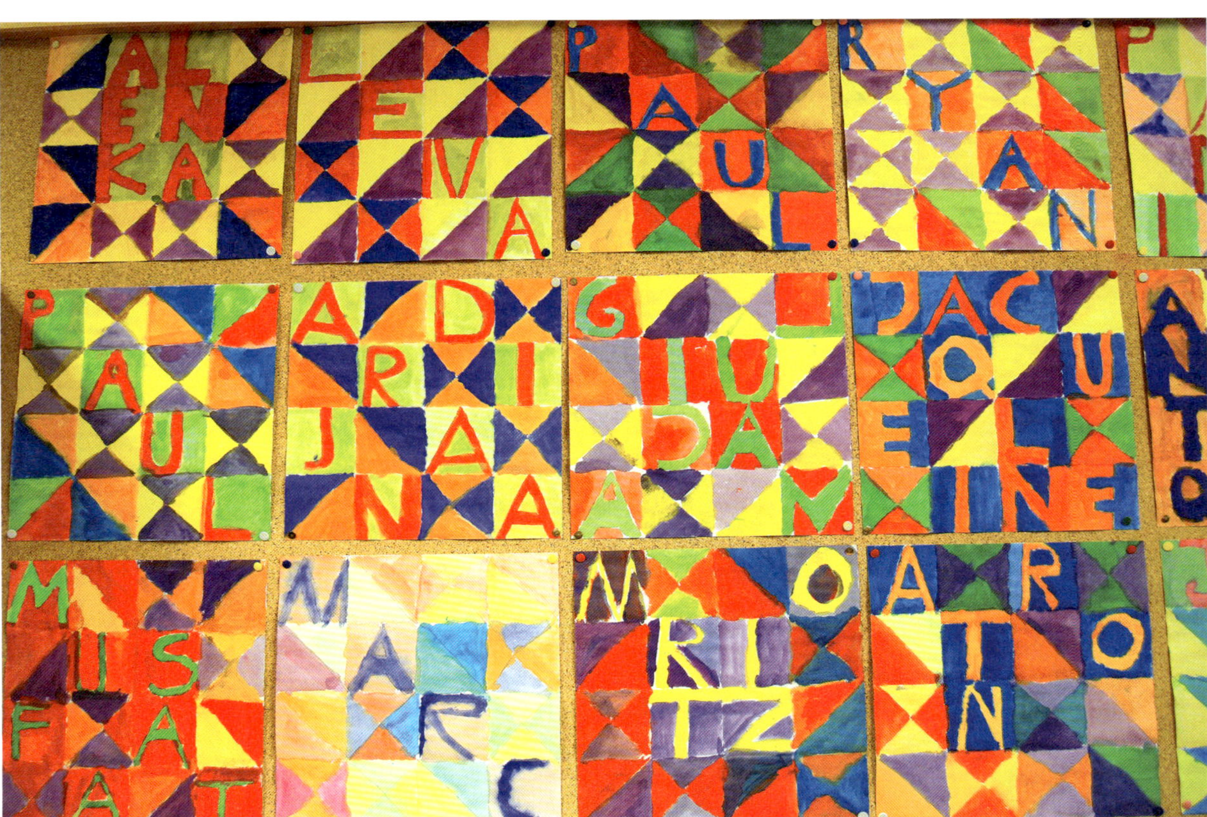

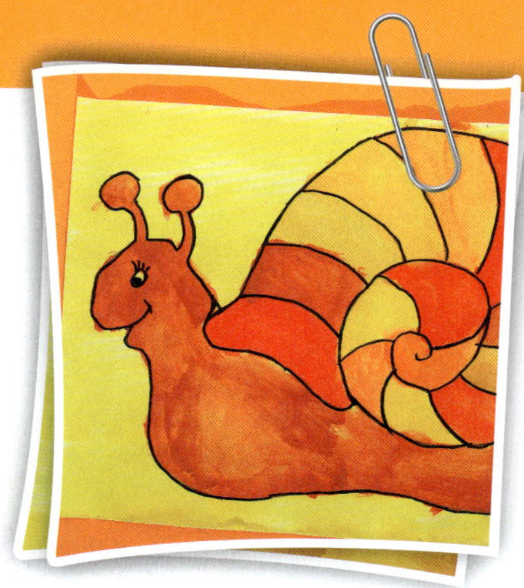

Herbstschnecke

Zeit
1 – 2 Unterrichtsstunden

Material
Kopiervorlage in DIN A3, Malpapier, Farbkasten, Borstenpinsel, Malschwämmchen, schwarzer Marker

Bereiche & Schwerpunkte
Farbiges Gestalten mit den Schwerpunkten Erproben von Materialien und Techniken, Zielgerichtet gestalten und Präsentieren

Lernziele & Kompetenzerwartungen
- Anwenden von „warmen" Farben (Herbstfarben)
- Anlegen des Hintergrundes mit dem Malschwämmchen
- sorgfältiges Ausmalen von kleinen Flächen mit dem Borstenpinsel
- **Erweitern der technischen Fähigkeiten im Umgang mit Farben und unterschiedlichen Werkzeugen**
- **Gliedern von Flächen durch farbiges Gestalten**

Vorgehensweise
Vor der praktischen Arbeit sollten Sie mit den Kindern die „Herbstfarben" (Orange, Gelb, Rot, Braun, Ocker) besprechen. Dabei kann auch der Farbkasten zu Hilfe genommen werden. Übrigens: Die wenigsten Kinder kennen die Farbbezeichnung „Ocker".

Vorzeichnung
Die „Herbstschnecke" habe ich im ersten Schuljahr als eine der ersten Malübungen mit dem Wasserfarbkasten genutzt. Dafür haben die Kinder die Kopiervorlage auf DIN A3 kopiert erhalten.
Sind die Kinder schon erfahrener im Zeichnen und dem Umgang mit dem Farbkasten, so kann die Schnecke durchaus auch von den Kindern selbst gezeichnet werden. Dann müssen Sie darauf achten, dass die einzelnen Malfelder im Schneckenhaus nicht zu klein werden.

Hintergrund
Der Hintergrund wird am besten in Ocker, Gelb oder Orange angelegt. Dazu mit dem Borstenpinsel die Farbe gut anrühren (bis Bläschen erscheinen) und sie dann mit dem Borstenpinsel auf das vorher angefeuchtete Malschwämmchen auftragen. Zwischendurch die Farbe immer wieder mit etwas Wasser verdünnen. Beim Farbauftrag mit dem Malschwämmchen darauf achten, dass immer von links nach rechts (bei Linkshändern umgekehrt) gearbeitet wird. Dabei sollen die Kinder oben anfangen, damit sie nicht mit dem Arm in die feuchte Farbe kommen. Die Schnecke kann mit eingefärbt werden.

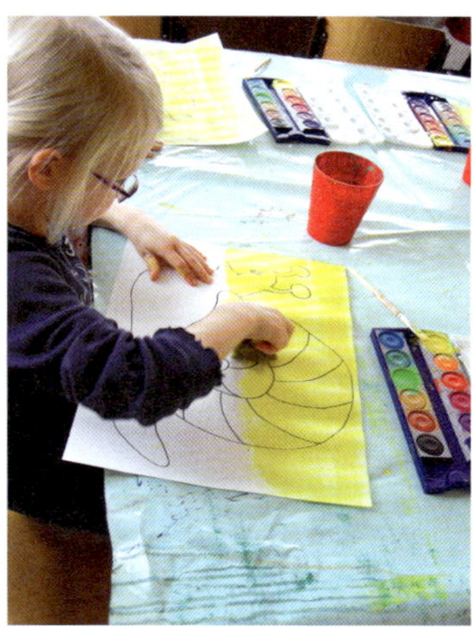

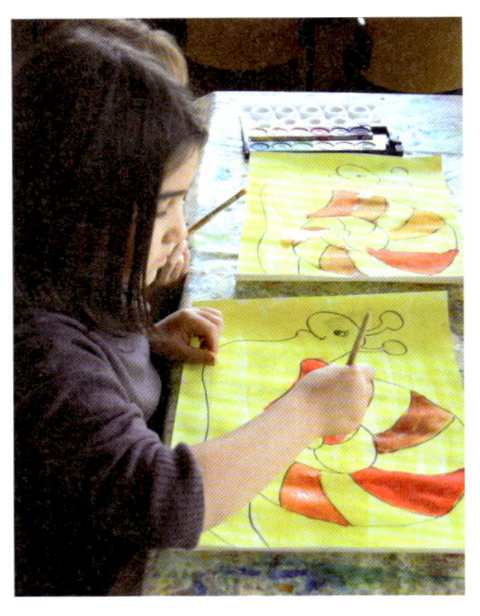

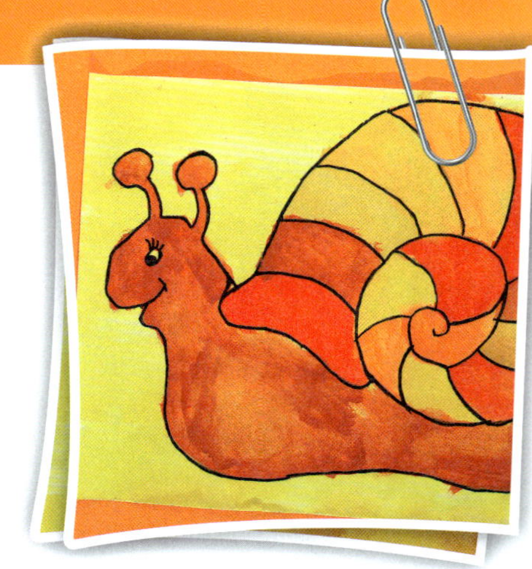

Schnecke

Das Schneckenhaus soll nun möglichst so ausgemalt werden, dass zwei aneinandergrenzende Felder nicht dieselbe Farbe erhalten. Beim Malen darauf achten, dass die Farben gut angerührt (bis Bläschen erscheinen) und möglichst sorgfältig und deckend in den Malfeldern aufgetragen werden. Außerdem beim Ausmalen der Felder darauf achten, dass das angrenzende Feld bereits angetrocknet ist, da sonst die Farben ineinanderlaufen!

Für den Schneckenkörper sollen sich die Kinder eine der „Herbstfarben" aussuchen. Dabei natürlich nicht die Hintergrundfarbe wählen.

Ist das Bild gut getrocknet (einen Tag später), können die Konturen mit einem schwarzen Marker nachgezogen werden.

Präsentation

Fotokarton oder Tonpapier in Orange eignet sich hervorragend als Hintergrund zum Aufhängen.

Kriterien zur Leistungsbewertung

1. Wurde der Hintergrund waagerecht mit dem Malschwämmchen aufgetragen?
2. Wurde die Schnecke deckend und sorgfältig ausgemalt?
3. Sind benachbarte Farbfelder in unterschiedlichen Farben ausgemalt?
4. Wie ist der Gesamteindruck?

Schülerbeispiele

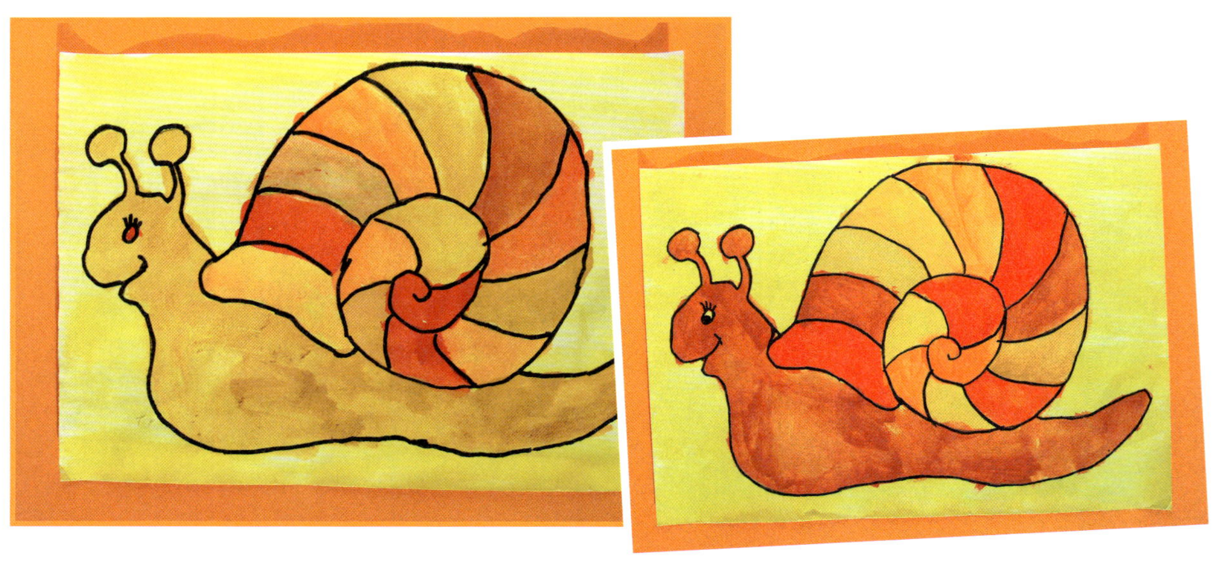

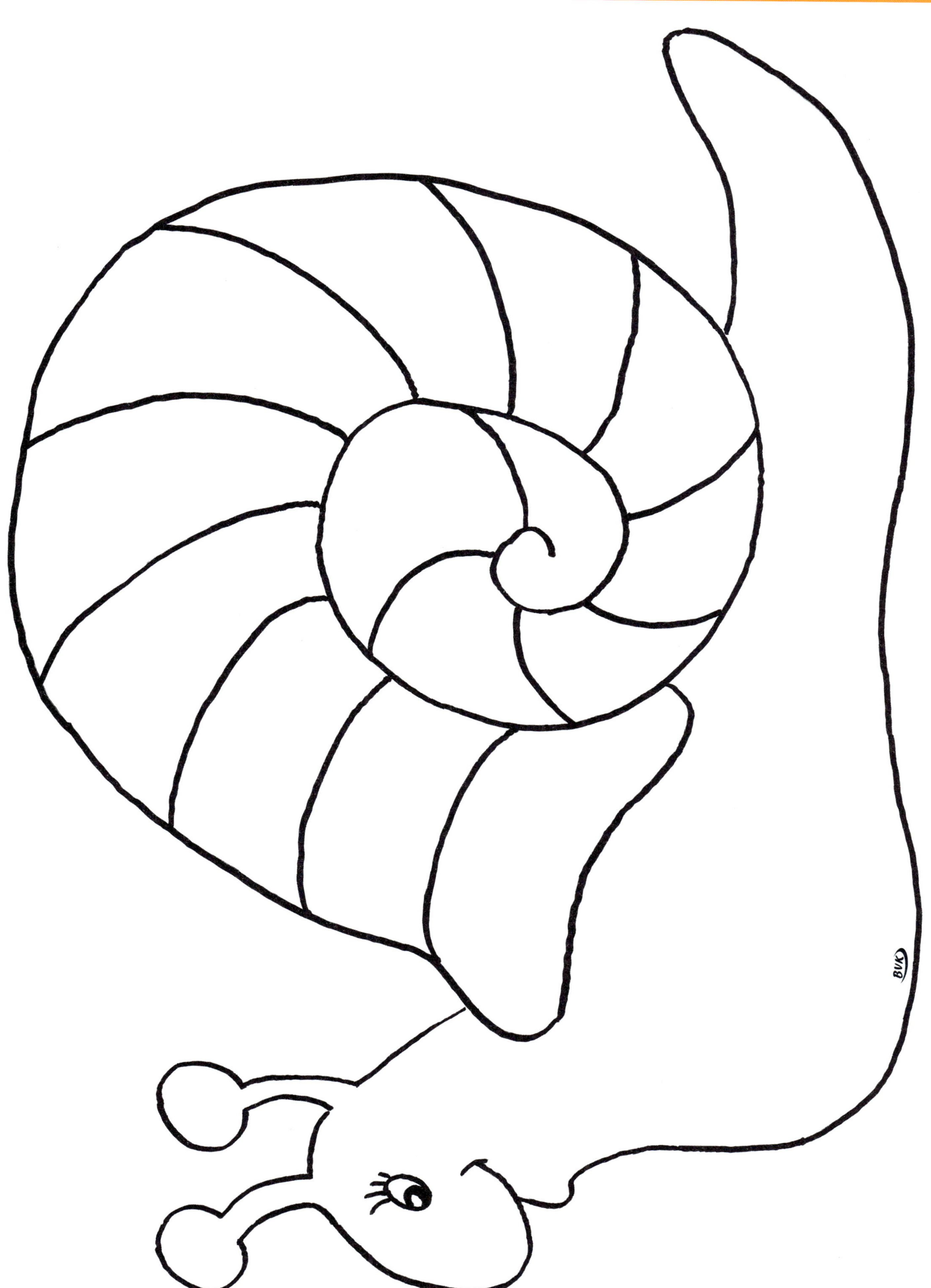
BVK

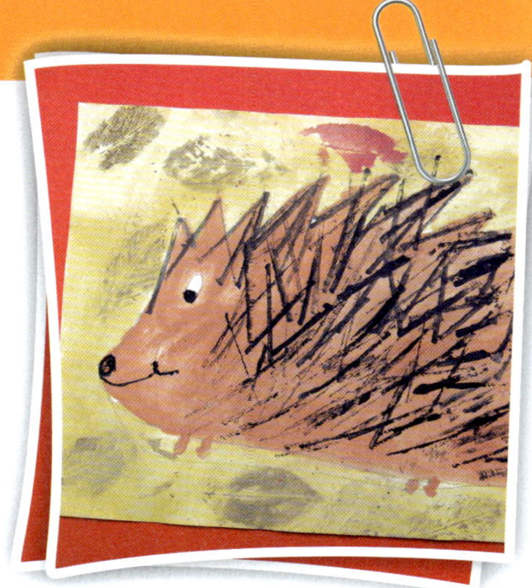

Igel

Zeit

2–3 Unterrichtsstunden

Material

Kopiervorlage in DIN A3, Malpapier, Farbkasten, Borstenpinsel, Malschwämmchen, kleine bis mittlere Blätter vom Baum, Mallappen oder Küchenrolle, kurze Holzlatten oder dicke Pappstücke

Bereiche & Schwerpunkte

Farbiges Gestalten und Grafisches Gestalten mit den Schwerpunkten Erproben von Materialien und Techniken, Zielgerichtet gestalten und Präsentieren

Lernziele & **Kompetenzerwartungen**

- Anwenden von „warmen" Farben
- Wahrnehmen von Blattstrukturen
- Nutzen des Blätterdruckes als Gestaltungsmöglichkeit
- Nutzen der Technik des Stempelns als grafisches Gestaltungsmittel
- **Erweitern der technischen Fähigkeiten im Umgang mit Farben und unterschiedlichen Werkzeugen**
- **Gliedern von Flächen durch farbiges Gestalten**
- **Erproben einfacher Hochdruck- und Abdruckverfahren**

Vorgehensweise

Vorzeichnung

Der Igel ist, auch für ungeschicktere Kinder, ein leicht nachzuzeichnendes Motiv und gelingt eigentlich immer. Die Kopiervorlage soll den Kindern lediglich als Zeichenhilfe dienen und in etwa die Blattaufteilung deutlich machen. Hängen Sie dazu die Kopiervorlage vergrößert an die Tafel.

Beispiele aus dem Skizzenbuch der Kinder:

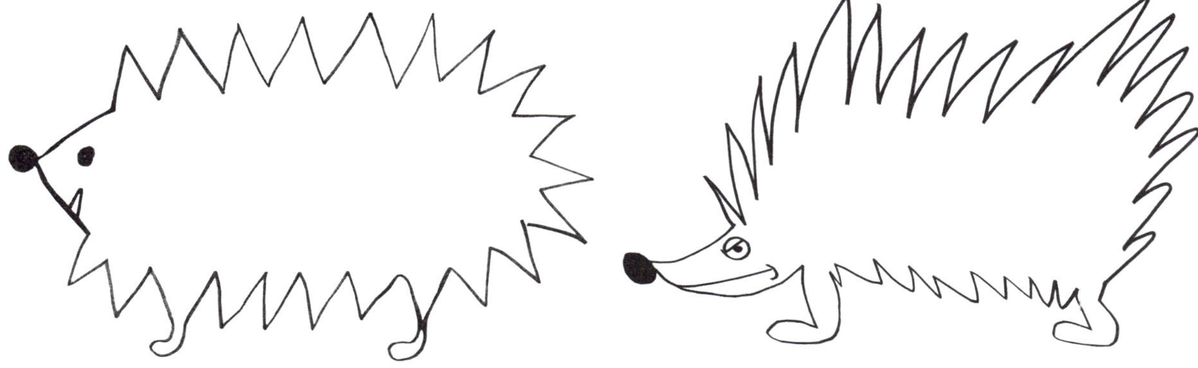

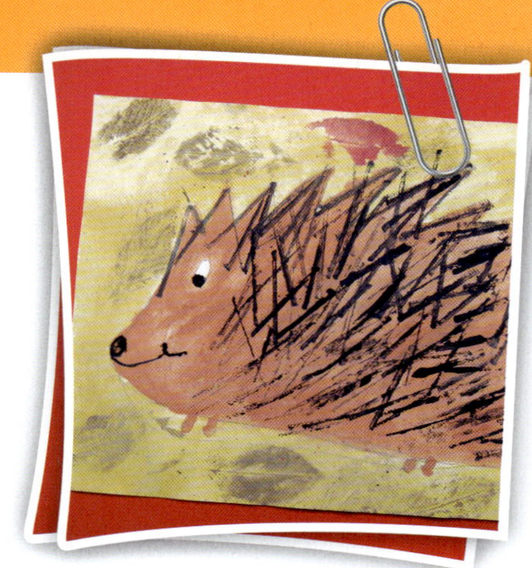

Hintergrund

Der Hintergrund wird am besten in Ocker angelegt. Dazu mit dem Borstenpinsel Ocker gut anrühren (bis Bläschen erscheinen) und dann mit dem Borstenpinsel auf das vorher angefeuchtete Malschwämmchen auftragen. Zwischendurch die Farbe immer wieder mit etwas Wasser verdünnen. Der Igel kann ebenfalls mit eingefärbt werden.

Blätterdruck

Für den Blätterdruck werden möglichst frische Blätter benötigt, da getrocknete Blätter zu schnell kaputtgehen. Die Blätter am besten in der Pause vor der Kunststunde sammeln lassen! Sie sollten nicht zu groß sein, damit mehrere Abdrücke auf das Bild passen.
Eine Seite des Blattes fühlt sich glatt an, das ist die Oberseite. Auf der Unterseite sieht und fühlt man das Adernetz. Das ist die Seite, die eingefärbt und abgedruckt wird.
Das Blatt wird mit dem Borstenpinsel eingefärbt. Dazu die Farbe wieder gut anrühren und nicht zu wässrig auftragen. Einen Mallappen oder ein Stück von der Küchenrolle unter das Blatt gelegt hilft, den Arbeitsplatz „sauberzuhalten".
Die eingefärbte Seite wird auf den Hintergrund des Bildes gelegt und mit einem Finger möglichst an allen Stellen gut angedrückt. Anschließend wird das Blatt entfernt und es sollte ein guter Abdruck zu sehen sein.
Ist der Abdruck zu blass, muss die Farbe mit mehr Wasser angerührt werden. Ist der Abdruck eher ein Farbklecks geworden, war zu viel Wasser im Spiel. Dann den Pinsel vor dem Auftragen der Farbe auf dem Küchentuch etwas trockentupfen.

Tipp

Kinder haben die Technik des Blätterdruckes meist sehr schnell verstanden. Wird diese Technik neu eingeführt, ist es hilfreich, wenn die Kinder sie erst auf einem Probeblatt ausprobieren können.
Beim Einfärben des Blattes können auch mehrere Farben nebeneinander benutzt werden. Dadurch entstehen oft schöne Farbspiele.

Igel

Der Igel wird in Brauntönen ausgemalt.

Stacheln

Für die Stacheln werden kleine Holzleisten als Druckstock benötigt. Es kann auch die schmale Seite von einem Holzlineal verwendet werden. Besonders geeignet sind die kleinen Holzkeile, die bei Keilrahmen dabei sind. Es funktionieren aber auch alte Plastikkarten oder Stücke aus dicker Pappe (z. B. Bierdeckel).
Der Druckstock ist so lang, wie ein einzelner Stachel lang sein sollte.
Dieser wird nun mit Schwarz eingefärbt. Dazu die schwarze Farbe aus dem Farbkasten gut mit dem Borstenpinsel anrühren und auf die Kante des Druckstocks auftragen. Nun als Stachel abdrucken. Es kann mehrfach gedruckt werden, bevor wieder neue Farbe aufgetragen werden muss.

Präsentation

Wir haben unsere Igel auf rotes oder grünes Tonpapier aufgeklebt. Diese Gestaltungsaufgabe bietet sich insbesondere dann an, wenn im Herbst die Themen „Igel" oder „Blätter" anstehen. Das Ergebnis kann die Info-Wand bereichern.

Kriterien zur Leistungsbewertung

1. Wurden die Farben gut angerührt, sodass ein intensiver Abdruck entstand?
2. Wurden für die Blätter viele verschiedene Herbstfarben gewählt?
3. Wirken die Stacheln?
4. Wie ist der Gesamteindruck?
5. Auch die Zeichnung kann mit in die Bewertung einfließen!

Schülerbeispiele

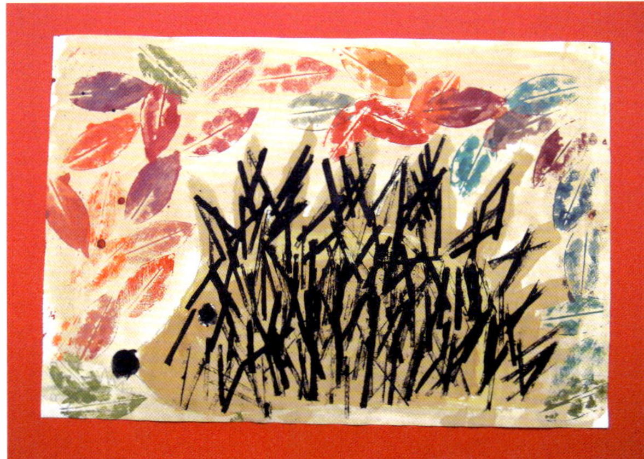

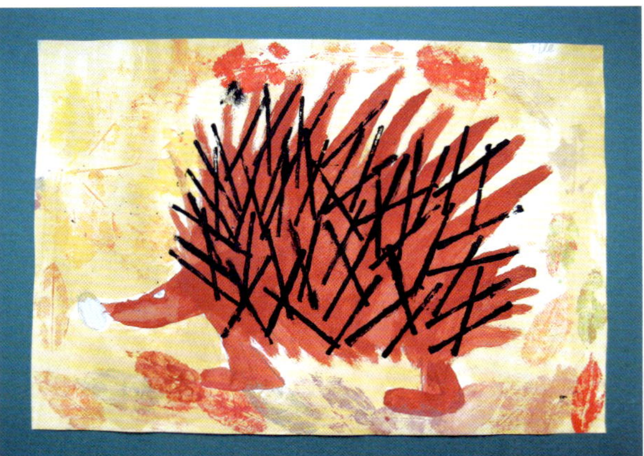

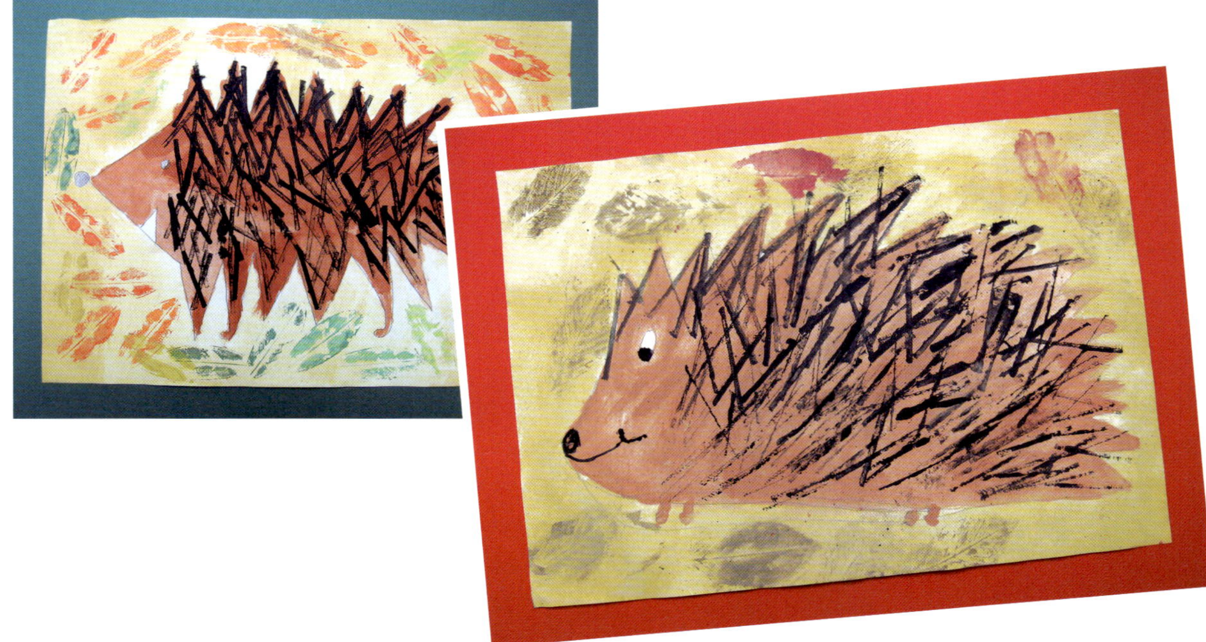

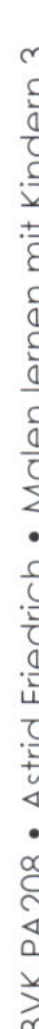

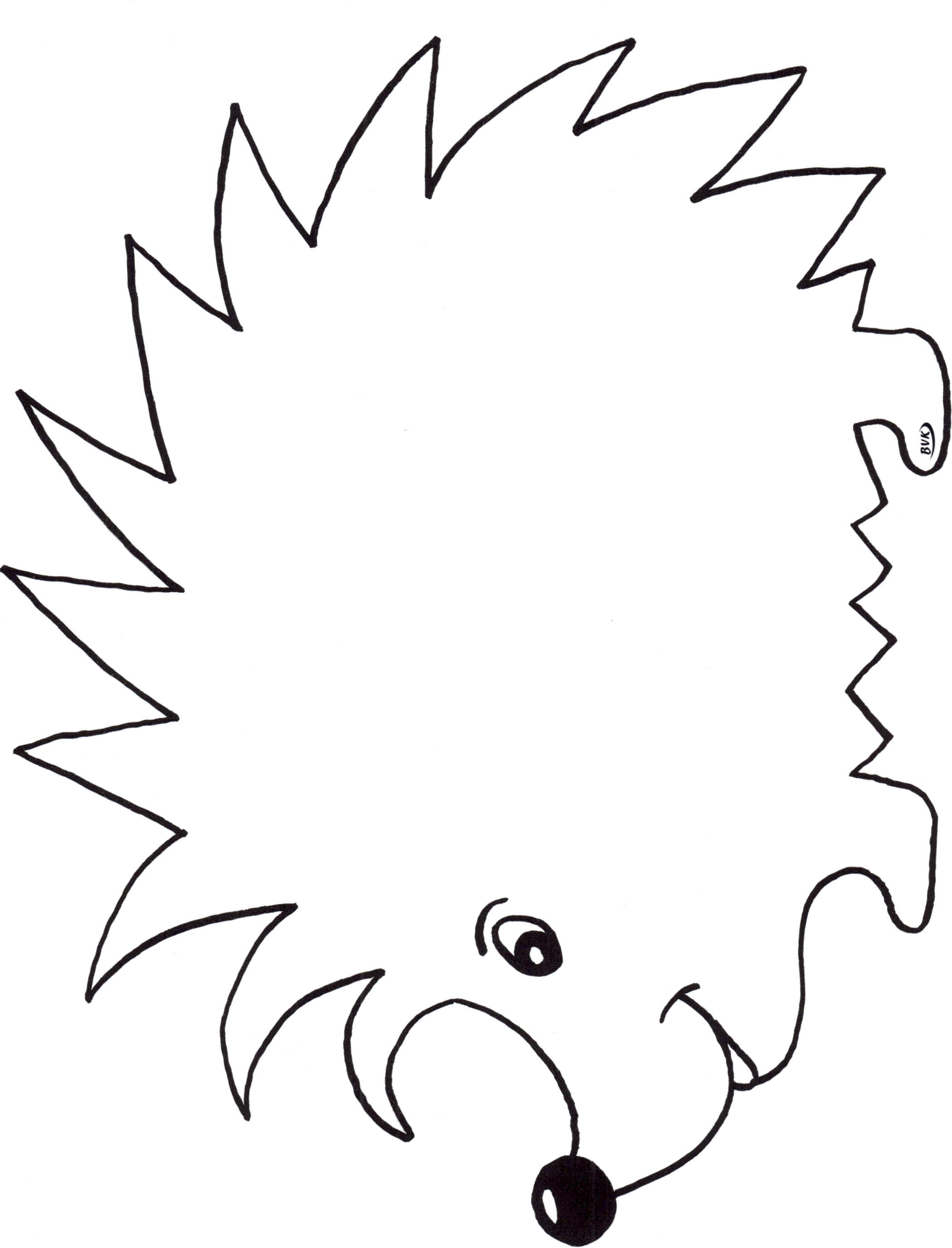
BVK

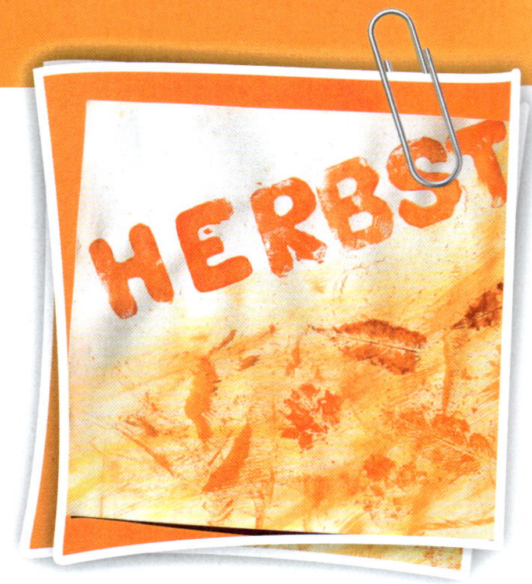

Herbstwind

Zeit
1 – 2 Unterrichtsstunden

Material
Malpapier, Farbkasten, Borstenpinsel, Malschwämmchen, kleine bis mittlere Blätter vom Baum, Mallappen oder Küchenrolle, eventuell Buchstaben aus Moosgummi oder Pappstreifen für das Wort HERBST

Bereiche & Schwerpunkte
Farbiges Gestalten und Grafisches Gestalten mit den Schwerpunkten Erproben von Materialien und Techniken, Zielgerichtet gestalten und Präsentieren

Lernziele & **Kompetenzerwartungen**
– Anwenden von „warmen" Farben
– Wahrnehmen von Blattstrukturen
– Nutzen des Blätterdruckes als Gestaltungsmöglichkeit
– Nutzen der Technik des Stempelns als grafisches Gestaltungsmittel
– Bewusster Farbauftrag mit dem Malschwämmchen
– Erweitern der technischen Fähigkeiten im Umgang mit Farben und unterschiedlichen Werkzeugen
– Gliedern von Flächen durch farbiges Gestalten
– Erproben einfacher Hochdruck- und Abdruckverfahren

Vorgehensweise
Das Bild soll den Herbstwind darstellen und lebt von der Bewegung der Farbaufträge in herbstlichen Farben. Deshalb ist es von Vorteil, wenn die Kinder beim Malen stehen.

Hintergrund
Für den Hintergrund wird die Farbe schwungvoll von links unten nach rechts oben aufgewischt. Dazu mit dem Borstenpinsel eine Herbstfarbe gut anrühren (bis Bläschen erscheinen) und diese dann mit dem Borstenpinsel auf das vorher angefeuchtete Malschwämmchen auftragen. Zwischendurch die Farbe immer wieder mit etwas Wasser verdünnen, aber den Schwamm nicht zu feucht werden lassen. Es sollen noch weiße Stellen vom Malpapier zu sehen sein. Zum Aufwischen können durchaus auch zwei Farben benutzt werden, zum Beispiel Braun und Orange.

Blätterdruck
Für den Blätterdruck werden möglichst frische Blätter benötigt, da getrocknete Blätter zu schnell kaputtgehen. Die Blätter am besten in der Pause vor der Kunststunde sammeln lassen. Sie sollten nicht zu groß sein, damit mehrere Abdrucke auf das Bild passen.
Eine Seite des Blattes fühlt sich glatt an, das ist die Oberseite des Blattes. Auf der Unterseite sieht und fühlt man das Adernetz. Das ist die Seite, die eingefärbt wird.

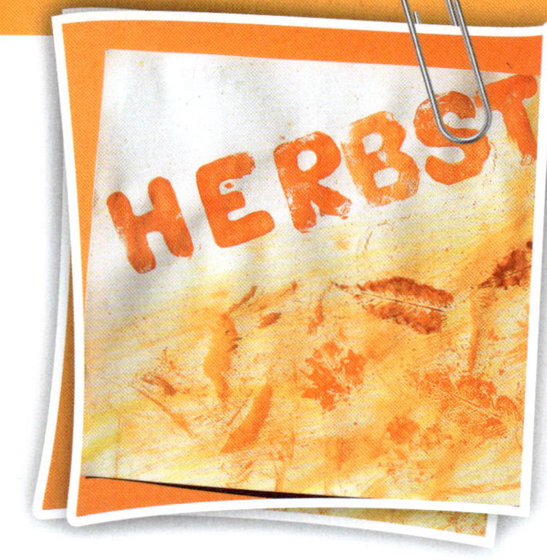

Das Blatt wird mit dem Borstenpinsel eingefärbt. Dazu die Farbe wieder gut anrühren und nicht zu wässrig auftragen. Ein Mallappen oder ein Küchentuch unter das Blatt gelegt hilft, den Arbeitsplatz „sauberzuhalten".
Die eingefärbte Seite wird auf den Teil des Hintergrundes gelegt, der schon eingefärbt ist, und mit einem Finger möglichst an allen Stellen gut angedrückt. Anschließend wird das Blatt entfernt und es sollte ein guter Abdruck zu sehen sein.
Ist der Abdruck zu blass, muss die Farbe mit mehr Wasser angerührt werden. Ist der Abdruck eher ein Farbklecks geworden, war zu viel Wasser im Spiel. Dann den Pinsel vor dem Auftragen der Farbe auf dem Küchentuch etwas trockentupfen.

Tipp

Kinder haben die Technik des Blätterdruckes meist sehr schnell verstanden. Wird diese Technik neu eingeführt, ist es hilfreich, wenn die Kinder sie erst auf einem Probeblatt üben können.
Die aufgedruckten Blätter sollen so angeordnet werden, dass sie eine Bewegung von links unten nach rechts oben andeuten, so wie ein Aufwirbeln der Blätter.

Spritzen

Damit das „Aufwirbeln" der Blätter noch zusätzlich „untermalt" wird, werden nun Farbspritzer auf den gefärbten Bildteil aufgebracht.
Dazu am besten das dunkle Braun gut anrühren (Bläschen!) und mit etwas zusätzlichem Wasser mit dem Borstenpinsel aufnehmen. Nun den Pinsel vorn an der Metallzwinge anfassen und mit dem Zeigefinger der anderen Hand flott über die Borsten streichen, sodass viele kleine Spritzer entstehen. Dabei ist es wichtig, dass der Pinsel dicht über das Malpapier gehalten wird, damit die Farbe auch auf dem Papier landet.

Buchstaben

Für die Schrift „HERBST" konnten die Kinder unter folgenden Möglichkeiten wählen:

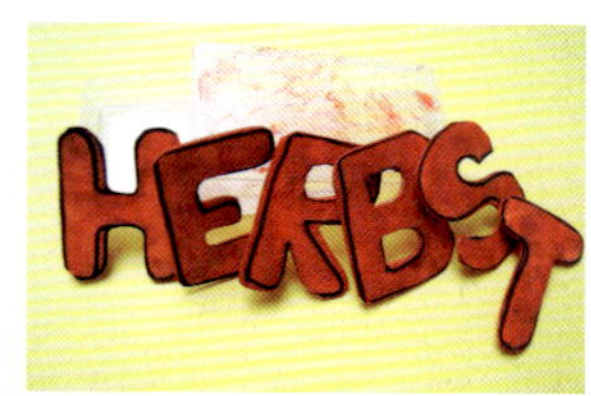

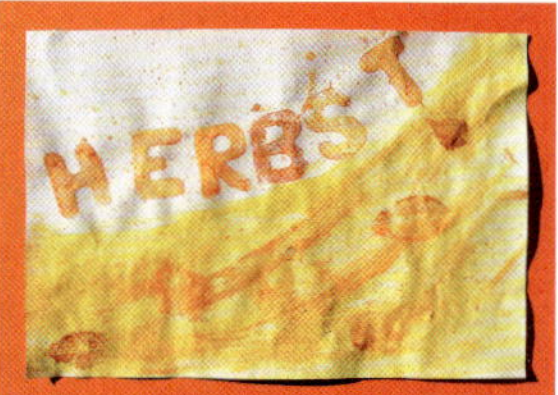

Drucken mit Moosgummi-Buchstaben:
Die Buchstaben habe ich vorbereitet. Die Kinder mussten nun die richtige Seite einfärben (Spiegelbild) und abdrucken.

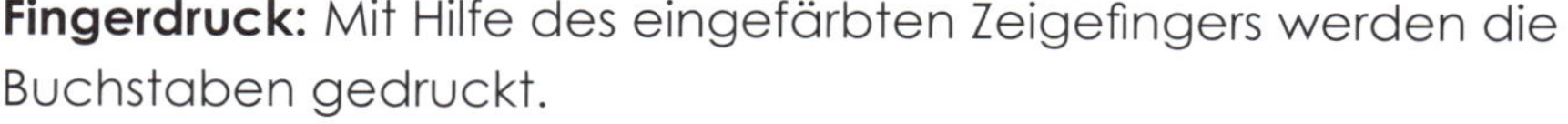

Fingerdruck: Mit Hilfe des eingefärbten Zeigefingers werden die Buchstaben gedruckt.

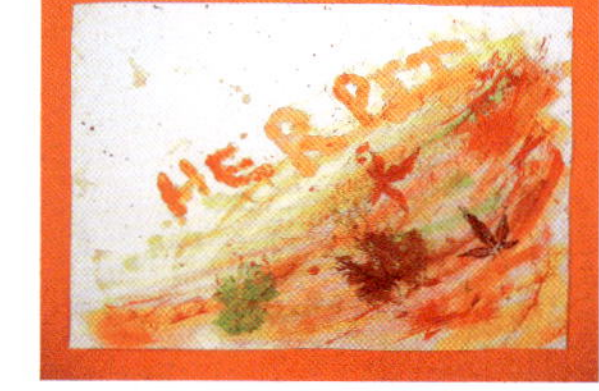

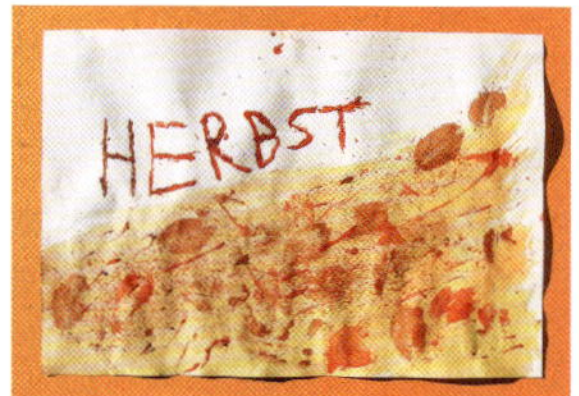

Pappkantendruck: Mit Hilfe von dicken, kurzen (ca. 2 cm langen) Pappstreifen wurden die Buchstaben gedruckt.

Präsentation

Harmonisch wirken die Herbstbilder auf orangefarbenem Tonpapier.

Kriterien zur Leistungsbewertung

1. Wurden die Farben im Hintergrund mit dem Malschwämmchen schwungvoll aufgewischt, sodass Bewegung angedeutet wird?
2. Wurden die Blätter dem Schwung entsprechend aufgedruckt?
3. Wurden Herbstfarben verwendet?
4. Unterstützen die Spritzer die Bewegung?
5. Wurde das Wort „HERBST“ ebenfalls dem Schwung angepasst?
6. Wie ist der Gesamteindruck?

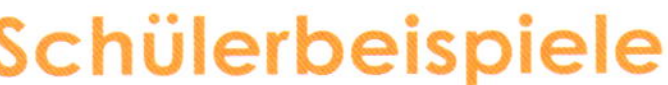

Schülerbeispiele

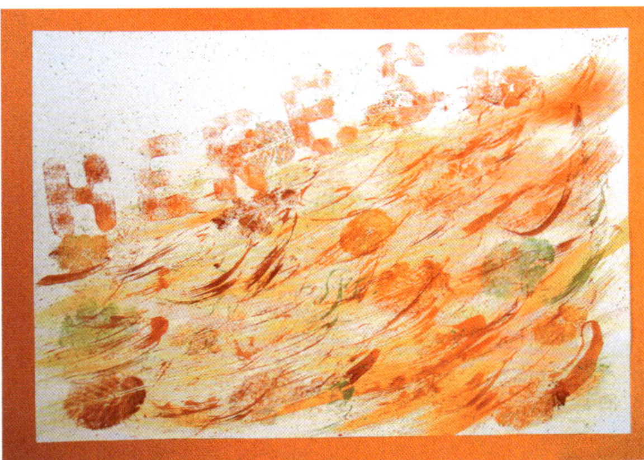

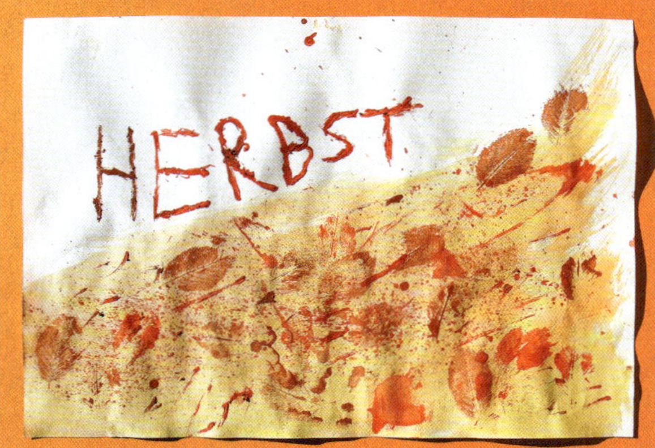

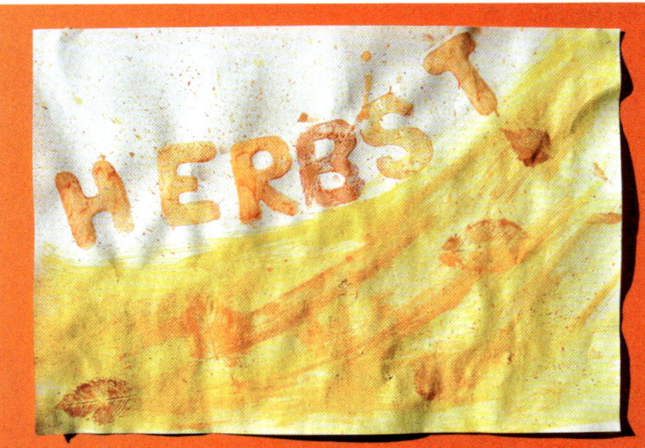

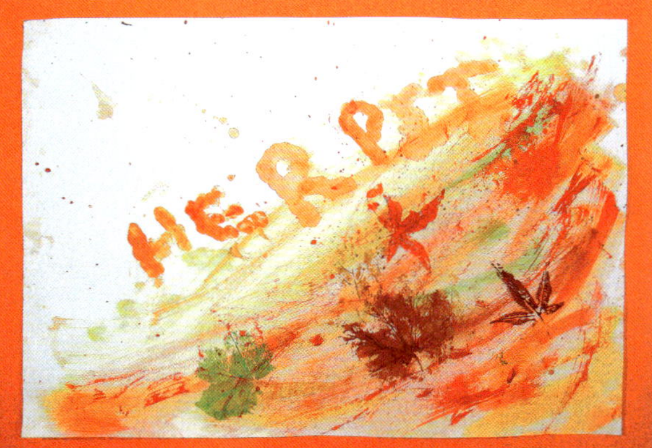

Mais

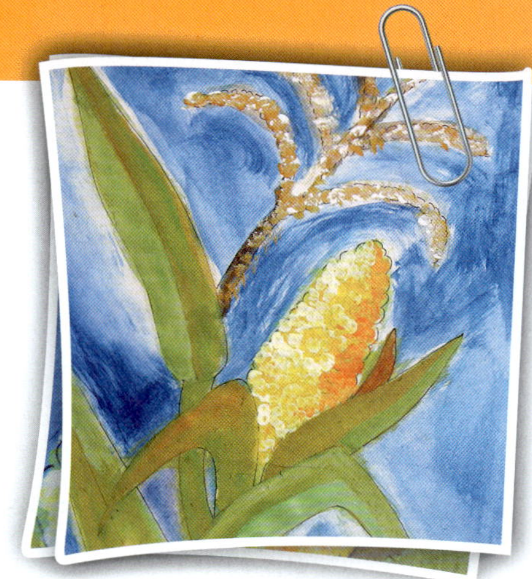

Zeit
1 – 2 Unterrichtsstunden

Material
Kopiervorlage in DIN A3, Malpapier, Farbkasten, Deckweiß, Borstenpinsel, Malschwämmchen, Wattestäbchen

Bereiche & Schwerpunkte
Farbiges Gestalten und Grafisches Gestalten mit den Schwerpunkten Erproben von Materialien und Techniken, Zielgerichtet gestalten und Präsentieren

Lernziele & **Kompetenzerwartungen**
– bewusster Farbauftrag mit Schwamm, Pinsel und Wattestäbchen
– Nutzen des Pinselstriches (Wattestäbchenabdruck) als Gestaltungselement
– Mischen verschiedener Gelb- und Grüntöne
– Einsatz von Deckweiß
– Verarbeiten von Farben mit unterschiedlichen Werkzeugen
– Gliedern von Flächen durch farbiges Gestalten
– Erproben grafischer Mittel in Bildgestaltungen

Vorgehensweise

Vorzeichnung
Sie können jedem Kind eine kopierte Vorzeichnung geben oder aber eine Kopie an die Tafel hängen und von den Kindern abzeichnen lassen.
Besonders motivierend ist es, wenn Sie als Anschauungsobjekt eine Maispflanze mitbringen können (auf Feldern meist bis Ende September zu finden).

Hintergrund
Da das Bild malerisch und luftig wirken soll, wird der Hintergrund mit Hilfe des Borstenpinsels in verschiedenen Blautönen angelegt. Dabei können die beiden Blautöne aus dem Farbkasten verwendet werden. Mit weniger Wasser angerührt, werden die Blautöne dunkler, mit mehr Wasser heller und transparenter. Die Farben werden auf dem Papier ineinander vermalt. Das Motiv sollte möglichst nicht übermalt werden.

Maiskolben
Der Maiskolben wird zuerst mit Gelb einfarbig ausgemalt. Die Maiskörner werden mit Hilfe des Wattestäbchens getupft. Dazu Ocker gut anrühren und jeweils im Mischdeckel des Farbkastens Orange mit Gelb mischen sowie Deckweiß mit etwas Wasser verrühren.

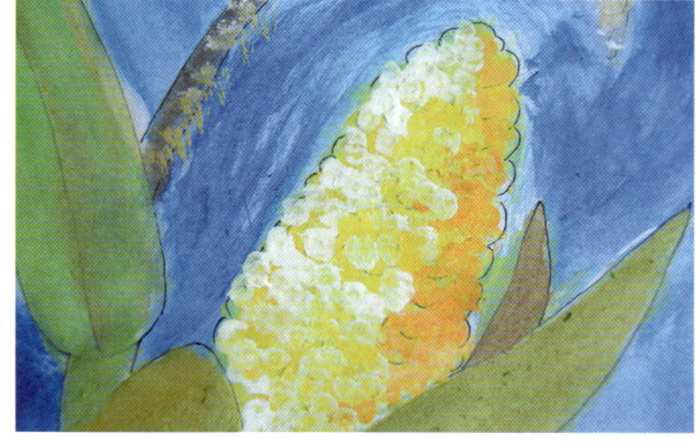

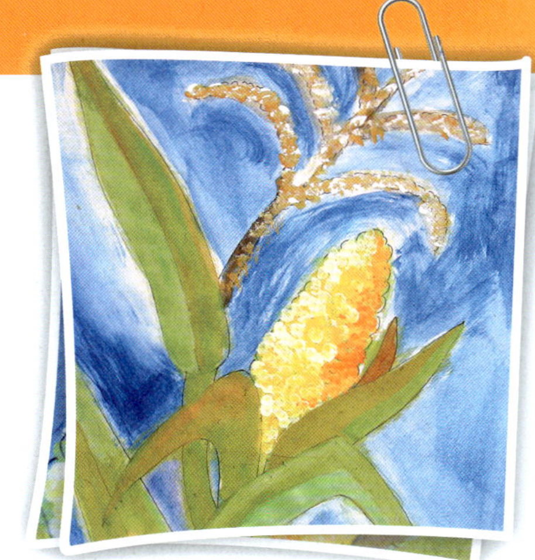

Sind die Farben vorbereitet, wird das Wattestäbchen immer abwechselnd in diese drei Farben getunkt und die „Maiskörner" werden von oben nach unten immer reihenweise aufgetupft.

Blätter & Stängel

Um ein relativ natürliches Grün zu erhalten, wird das Hellgrün aus dem Farbkasten mit Ocker gemischt. Das Mischen kann nass-in-nass auf dem Bild erfolgen. Der Pinselstrich sollte dabei immer der Wuchsrichtung folgen. Sollen die Blätter schon leicht „vertrocknet" erscheinen, kann gebrannte Siena (Braun) mit verarbeitet werden.

Blüte

Die obere Blüte wird mit Ocker und gebrannter Siena gemalt. In die noch nasse Farbe wird mit dem Borstenpinsel Deckweiß (vorher mit etwas Wasser anrühren) aufgetupft. Dabei darauf achten, dass der Borstenpinsel möglichst trocken ist.
Dies kann auch mit einem Wattestäbchen gemacht werden.

Beispiel Borstenpinsel:

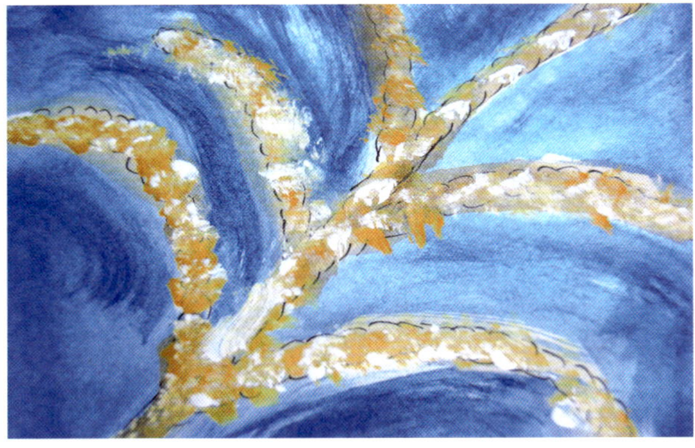

Beispiel Wattestäbchen:

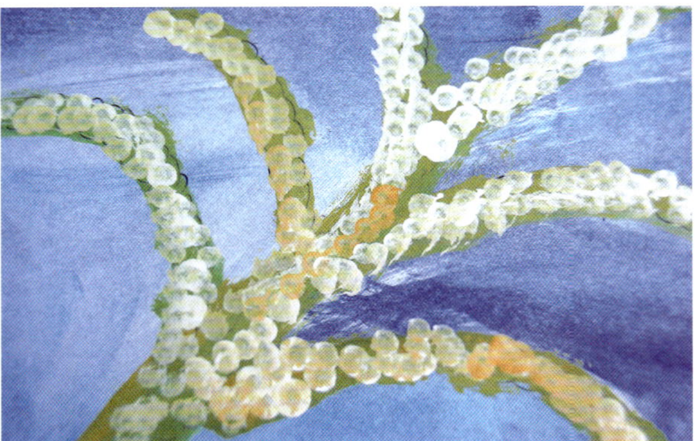

Präsentation

Auf blauen oder gelben Fotokarton aufgeklebt, wirkt der Mais am besten.

Kriterien zur Leistungsbewertung

1. Wie ist der Hintergrund gelungen?
2. Können die Maiskörner erkannt werden?
3. Wurde das Grün so gemischt, dass es natürlich wirkt?
4. Wie ist die Nass-in-Nass-Malerei gelungen?
5. Wie wirkt die Blüte?
6. Wie ist der Gesamteindruck?

Schülerbeispiele

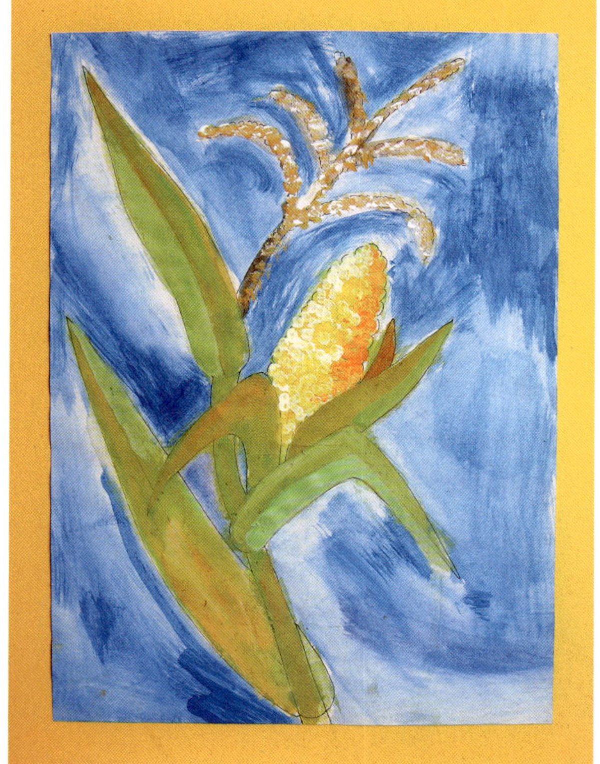

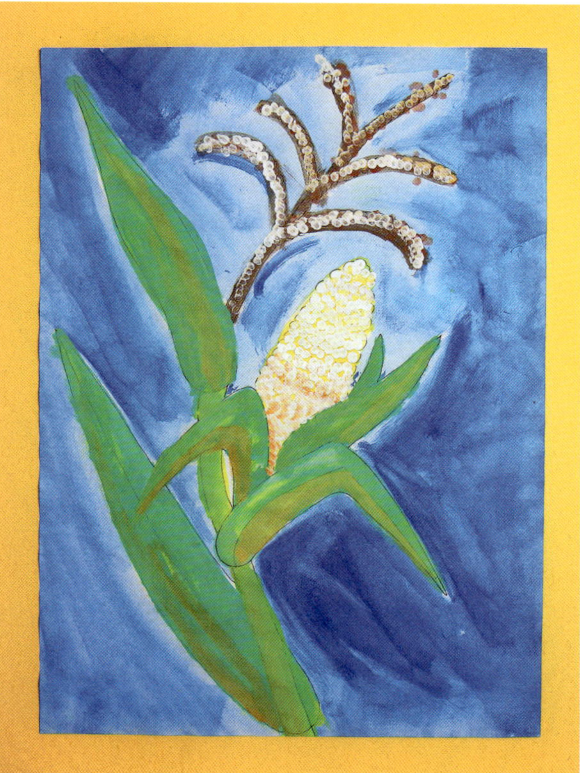

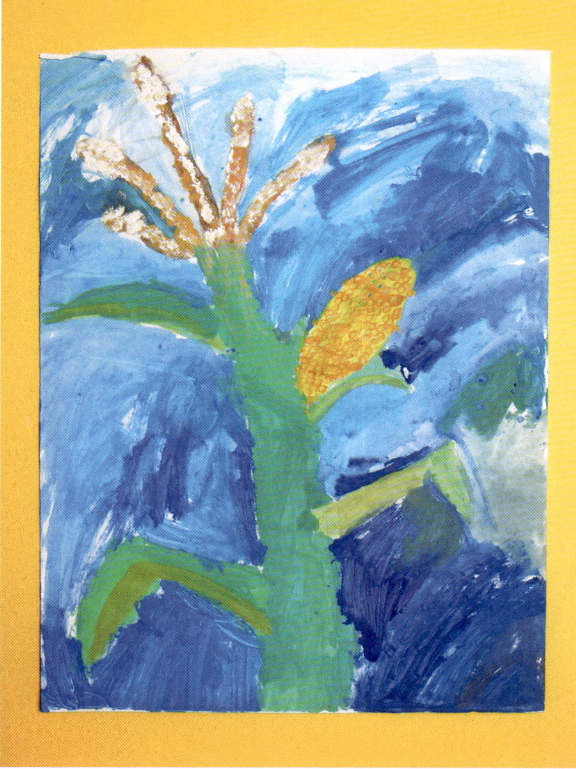

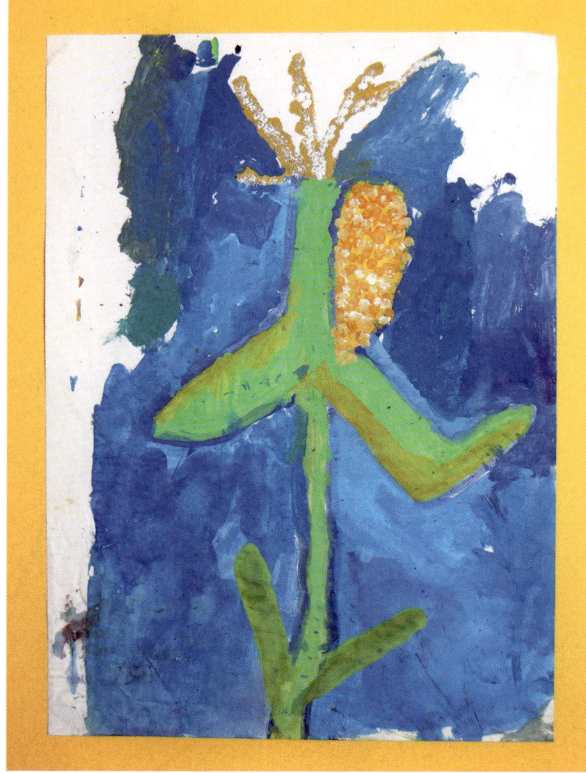

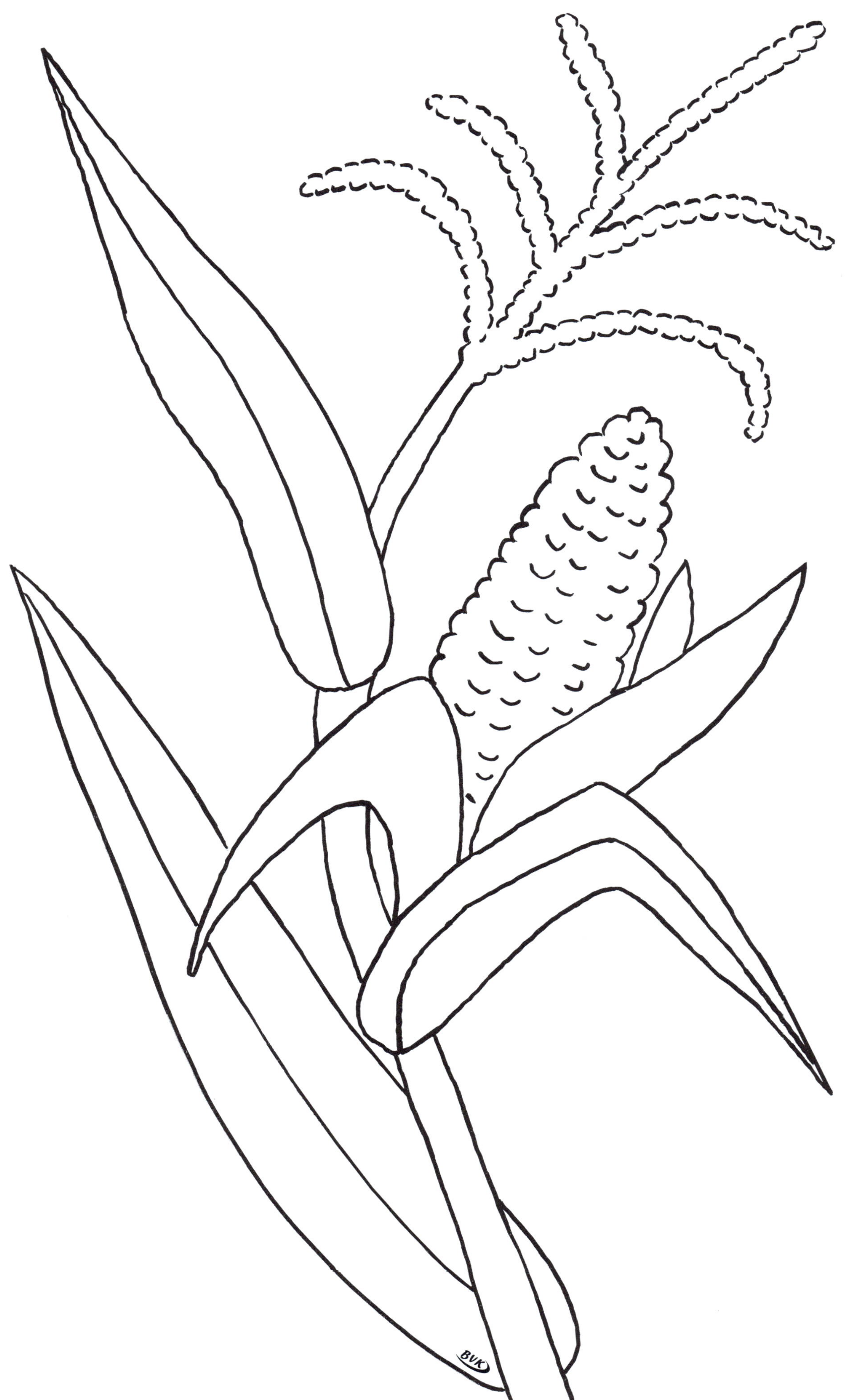
BVK

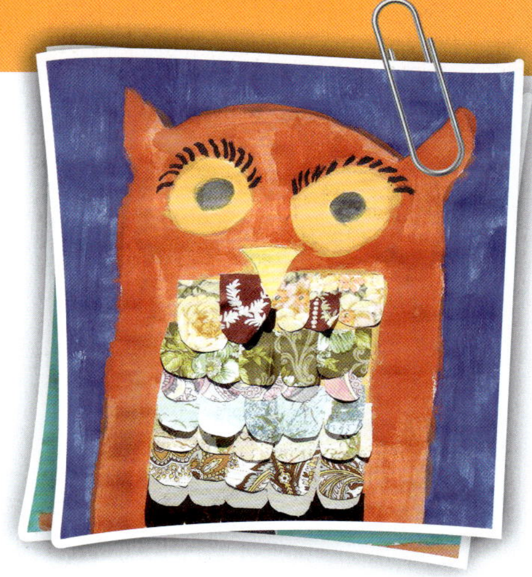

Eule

Zeit

3 – 4 Unterrichtsstunden

Material

Kopiervorlage in DIN A3, Malpapier, Farbkasten, Borstenpinsel, gut schneidende Stoffschere, Klebestift, Stoffreste in Natur- und Brauntönen und Buntstifte

Bereiche & Schwerpunkte

Farbiges Gestalten und Textiles Gestalten mit den Schwerpunkten Erproben von Materialien und Techniken, Zielgerichtet gestalten und Präsentieren

Lernziele & **Kompetenzerwartungen**

- Nutzen von textilem Material zur halbplastischen Gestaltung
- **Gliedern von Flächen durch farbiges Gestalten**
- **Erweitern der technischen Fertigkeiten im Umgang mit Farben und Farbmaterialien**
- **textile Eigenschaften wahrnehmen und Textilien unterscheiden**
- **Einsatz von farbigem Material zum Collagieren (hier mit Stoff)**

Vorgehensweise

Vorzeichnung

Die Kopiervorlage zeigt eine stark vereinfachte Eule mit ihren typischen Merkmalen und lässt sich auch von unbegabteren Kindern leicht abzeichnen (s. auch S. 6). Hängen Sie die Kopiervorlage als Zeichenhilfe an die Tafel. Die Vorzeichnung sollte mit einem hellen Buntstift (Ocker oder Gelb) erfolgen.

Hintergrund

Der Hintergrund sollte deckend in dunklem Blau angelegt werden. Die Eule selbst wird in Erdtönen (Ocker, Hell- und Dunkelbraun, aber auch Orange) ausgemalt. Bei Bedarf wird auch noch der Ast gestaltet.

Eulenbauch

Ist das Bild gut durchgetrocknet, werden kleine Stoffläppchen (s. Schnittmuster) aus Stoffresten ausgeschnitten. Bei den Stoffresten sollten Sie darauf achten, dass diese nicht zu sehr ausfransen und leicht zu schneiden sind. Schön sind Stoffe in Braun- und Naturtönen. Manche Kinder wollten nur eine Stoffsorte verwenden, andere kombinierten verschiedene Stoffsorten.

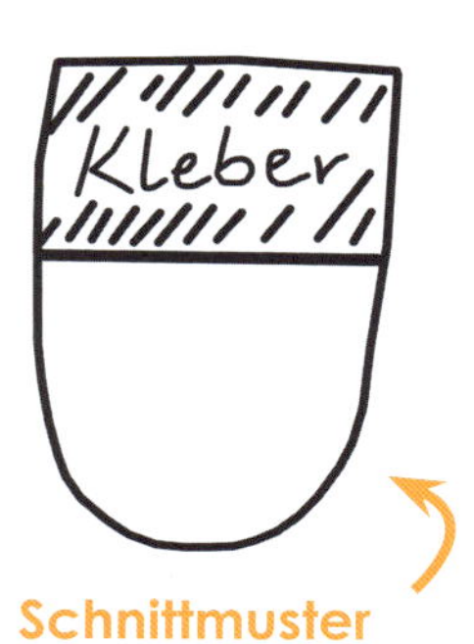

Schnittmuster

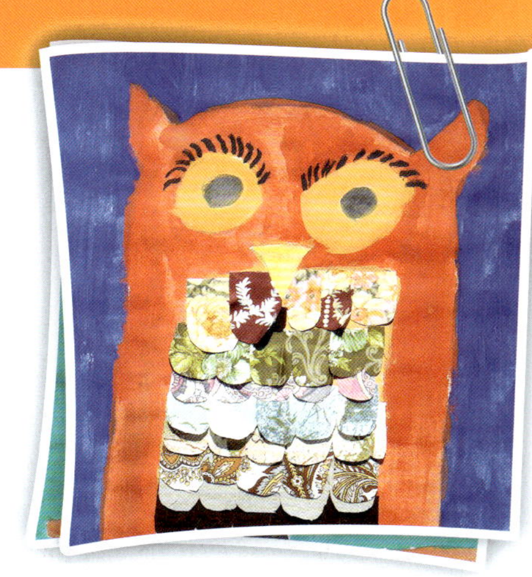

Aufkleben der Stoffläppchen

Beim Aufkleben der Stoffläppchen ist es wichtig, dass unten begonnen wird. Die Stoffläppchen werden nur an der oberen Hälfte mit Klebstoff bestrichen und reihenweise nebeneinander aufgeklebt. Ist die erste Reihe fertig, wird die zweite Reihe so aufgeklebt, dass der untere Teil des Stoffläppchens den oberen Teil der unteren Reihe überlappt.

Präsentation

Schön wirken die Eulen, wenn sie auf Fotokarton aufgeklebt werden. Da sie sehr dekorativ wirken, können sie durchaus den ganzen Winter über als Dekoration hängenbleiben.

Kriterien zur Leistungsbewertung

1. Wurden die Farben im Hintergrund deckend aufgetragen?
2. Wurden für die Eule verschiedene Brauntöne verwendet?
3. Wie sorgfältig und klein wurden die Stoffläppchen ausgeschnitten?
4. Wurden die Stoffläppchen sorgfältig aufgeklebt?
5. Passt die Farbauswahl der Stoffe?
6. Wie ist der Gesamteindruck?

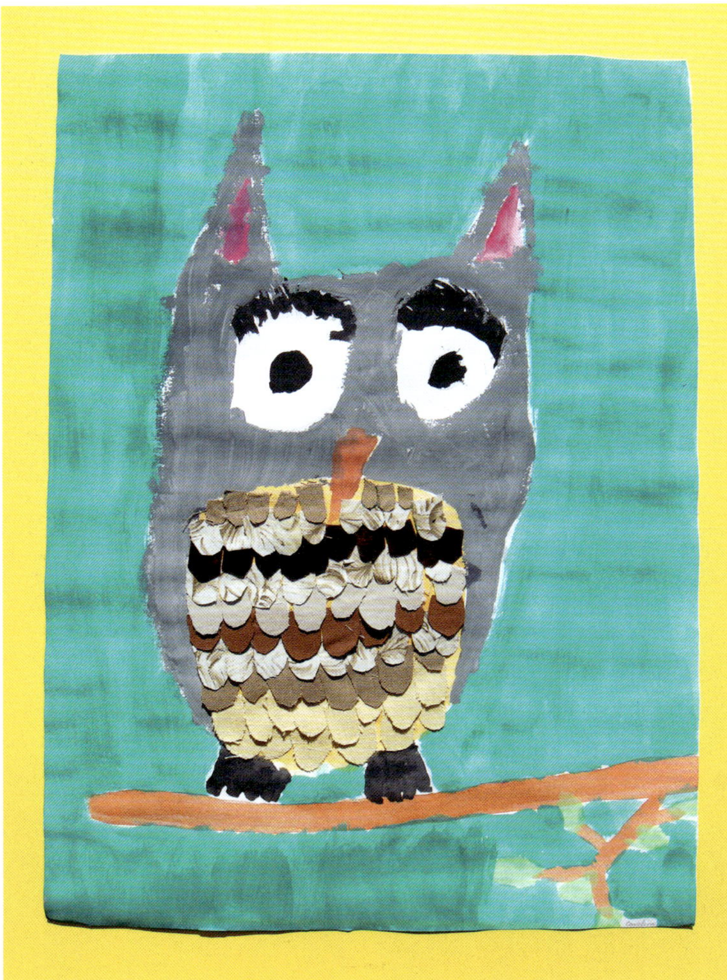

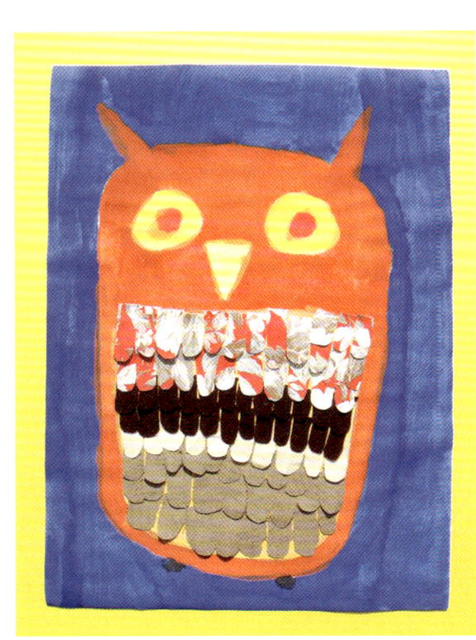

Schülerbeispiele

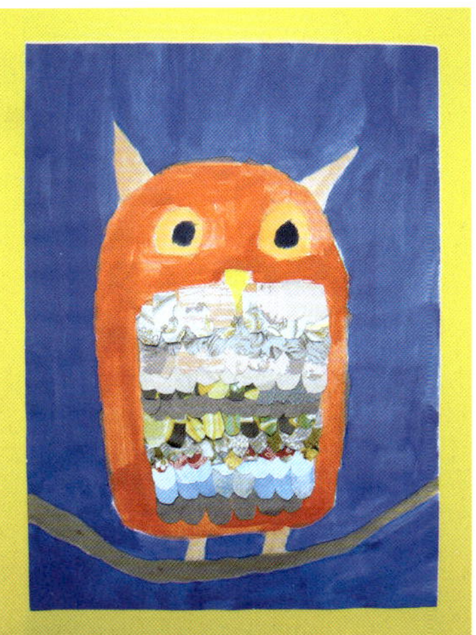

BVK PA208 • Astrid Friedrich • Malen lernen mit Kindern 3

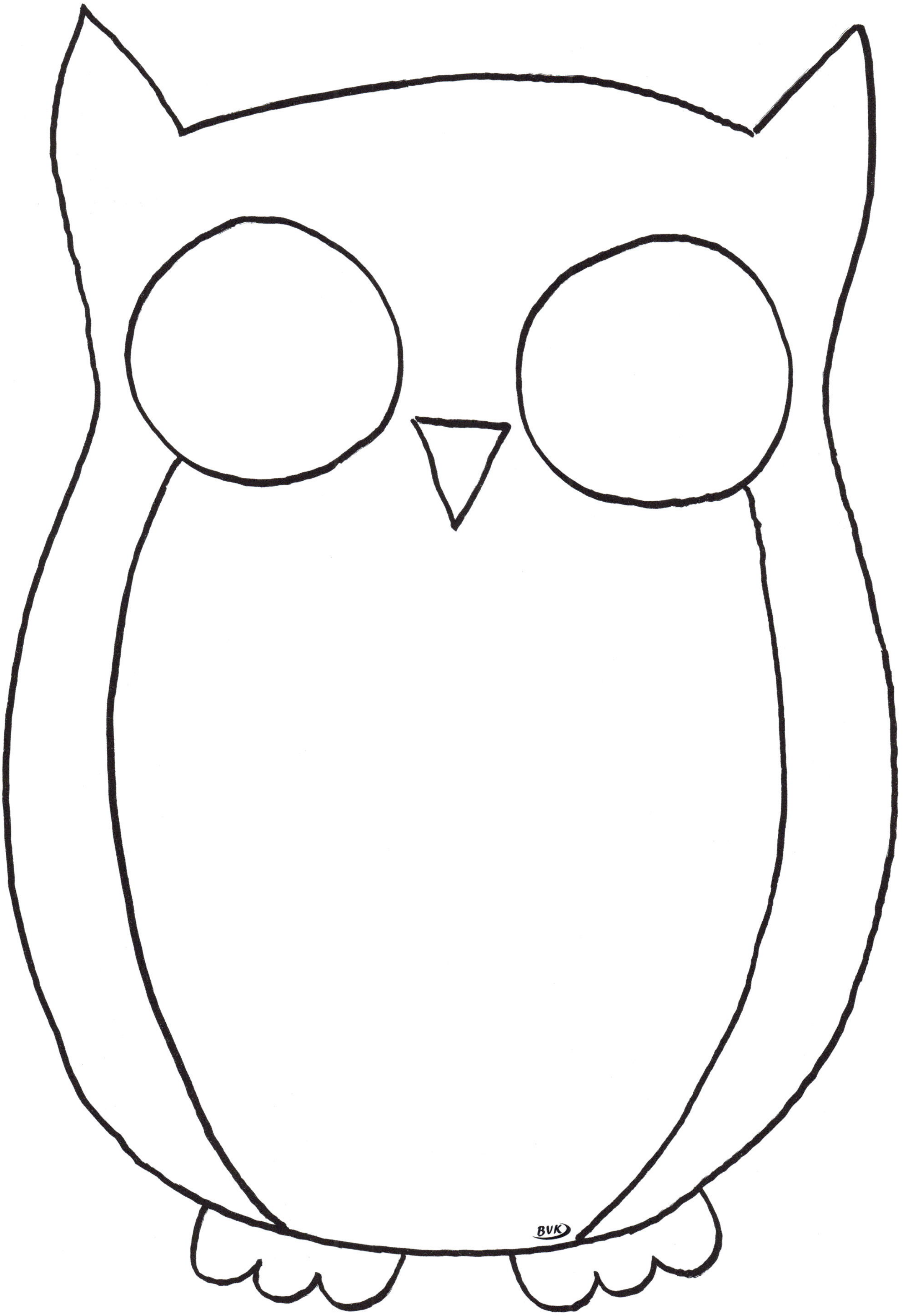

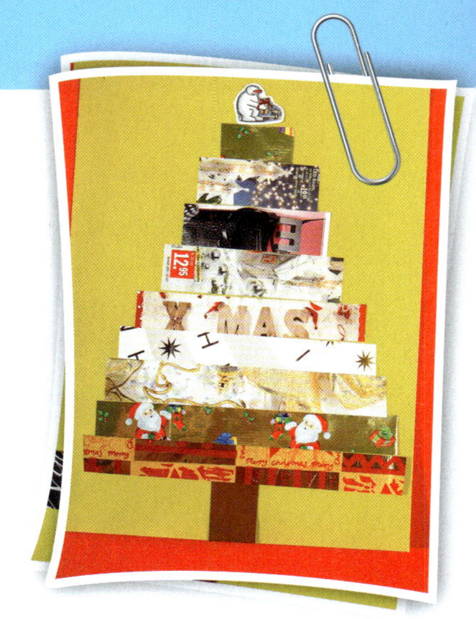

Weihnachtsbaum (Collage)

Zeit
1 – 2 Unterrichtsstunden

Material
Werbeprospekte mit winterlichen oder weihnachtlichen Motiven, diverses Geschenkpapier (am besten altes Weihnachtspapier vom Vorjahr), einfarbiges Tonpapier in DIN A3, Schere, Klebestift, weihnachtliche Aufkleber

Bereiche & Schwerpunkte
Farbiges Gestalten und Grafisches Gestalten mit den Schwerpunkten Erproben von Materialien und Techniken, Zielgerichtet gestalten und Präsentieren

Lernziele & Kompetenzerwartungen
– Umgang mit farbigen Papieren
– Zusammenstellen verschiedener Papiersorten und Farbvarianten zu einem Ganzen
– Nutzen langgezogener Rechtecke als grafisches Gestaltungsmittel
– Erproben verschiedener Farbmaterialien auf anderem Malgrund
– Gliedern von Flächen durch farbiges Gestalten
– Einsetzen farbiger Materialien zum Collagieren, Ausgestalten und Akzentuieren

Vorgehensweise

Material
Diese Gestaltungsaufgabe lebt von der Vielfältigkeit des Materials. Wir haben zum einen verschiedene Werbeprospekte mit weihnachtlichen oder winterlichen Inhalten gesammelt, zum anderen gebrauchtes Weihnachtspapier vom Vorjahr. Besonders beliebt waren Papiere mit hohem Goldanteil oder Glitzerpapier.
Zur Krönung des Baumes haben wir als „Spitze" jeweils einen weihnachtlichen Aufkleber verwendet.

Vorbereitung
Wichtig ist, dass aus den Papieren Streifen von 2 – 4 cm Breite geschnitten werden. Die Länge wird von unten nach oben immer kürzer. Die Papiere sollten sich möglichst nicht wiederholen und farblich zusammenpassen.
Als Untergrund haben wir rotes Tonpapier genommen. Es ist durchaus möglich, zuerst ein Malpapier in der gewünschten Farbe einzufärben (am besten mit einem Malschwämmchen) und dieses gut durchgetrocknet als Untergrund zum Aufkleben zu verwenden.

Fertigstellung
Die Streifen werden zuerst „nur" gelegt. Den unteren Anfang macht ein schmales, braunes Rechteck, welches den Stamm darstellen soll. Erst wenn alle Streifen zugeschnitten und gelegt sind, werden die Streifen von unten nach oben aufgeklebt.

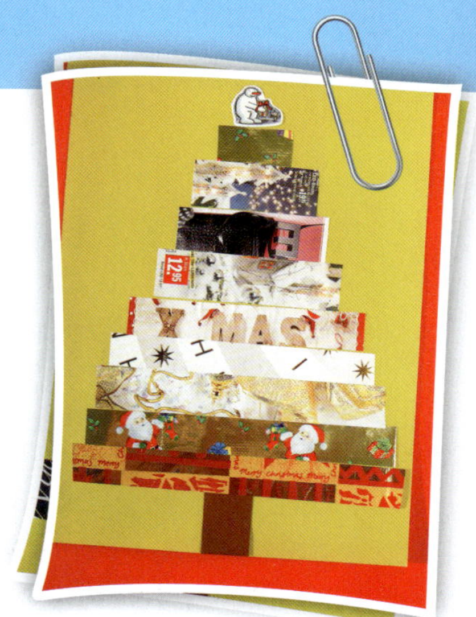

Sehr schön ist es, wenn der Baum eine besondere Baumspitze erhält. Wir haben Weihnachtsaufkleber genutzt, man kann aber auch aus Goldfolie einen Stern ausschneiden lassen.

Tipp

Diese Gestaltungsaufgabe wirkt auch prima mit festlichen, glänzenden Stoffen. Wichtig hierbei ist nur, dass die Stoffe nicht zu sehr „franseln".

Kriterien zur Leistungsbewertung

1. Wurden die Streifen relativ gleichmäßig geschnitten?
2. Wurden verschiedene Papiere gewählt?
3. Wurde sorgfältig aufgeklebt?
4. Wie ist der Gesamteindruck?

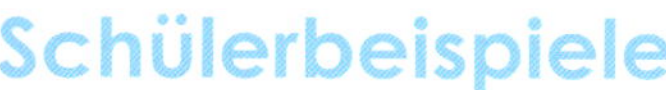

Schülerbeispiele

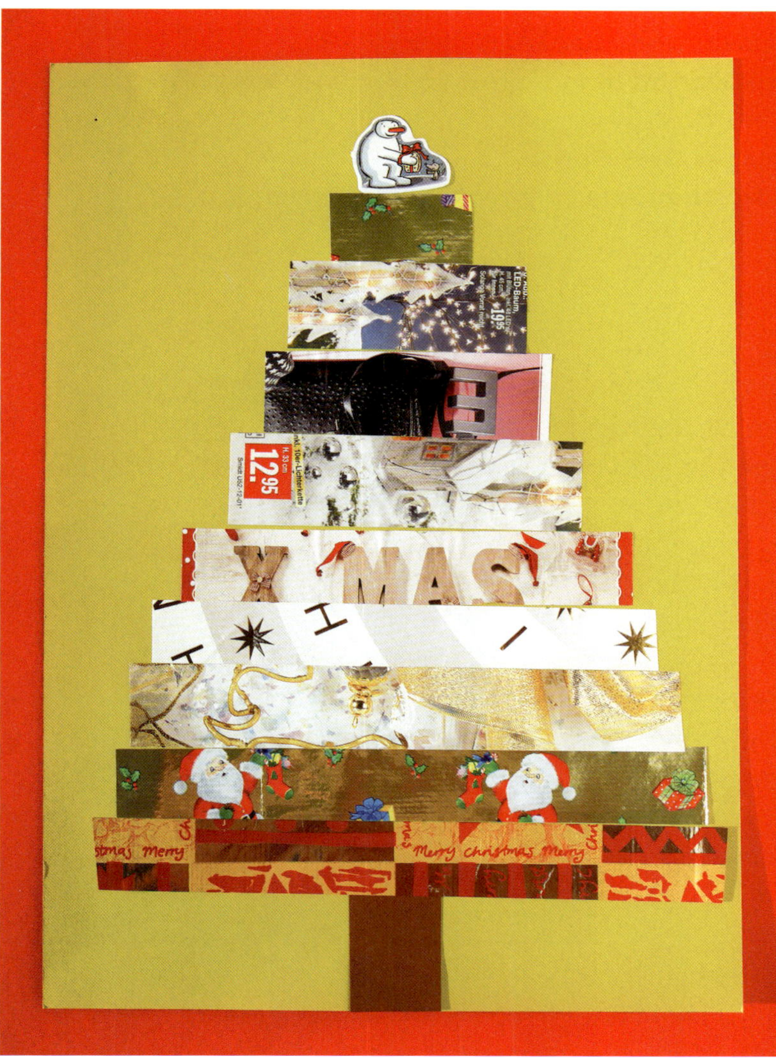

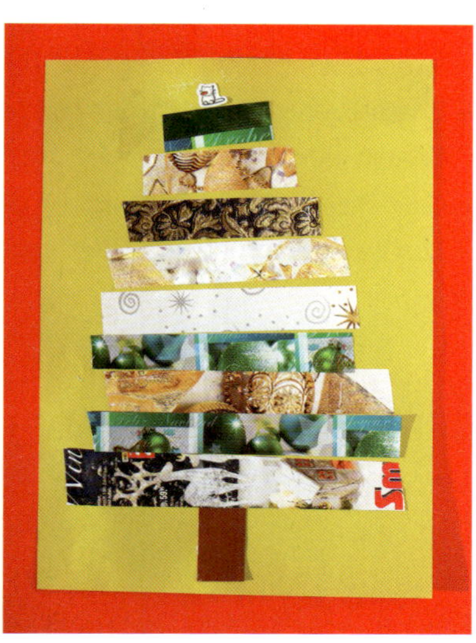

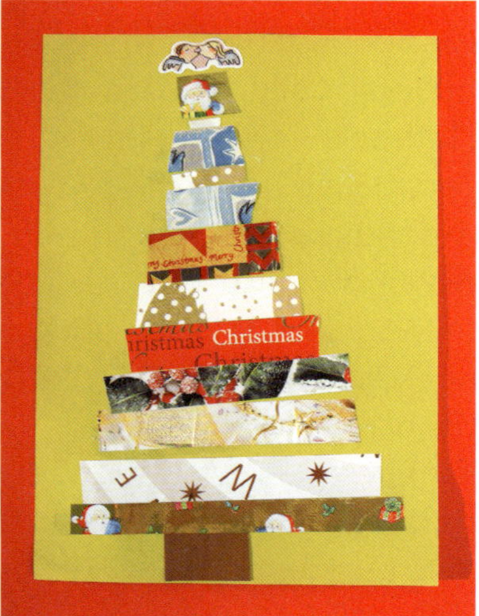

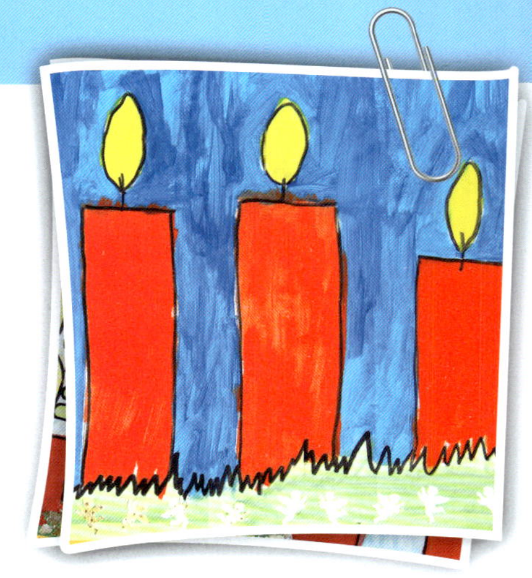

Advent, Advent

Zeit
1 – 2 Unterrichtsstunden

Material
Kopiervorlage in DIN A3, Malpapier, Farbkasten, Borstenpinsel, Malschwämmchen, schwarzer Marker, Goldpapier oder glänzende Papiere, eventuell Ausstanzer mit weihnachtlichen Motiven

Bereiche & Schwerpunkte
Farbiges Gestalten und Grafisches Gestalten mit den Schwerpunkten Erproben von Materialien und Techniken, Zielgerichtet gestalten und Präsentieren

Lernziele & **Kompetenzerwartungen**
– lasierender Farbauftrag mit den Malschwämmchen
– deckender Farbauftrag mit dem Pinsel
– Nutzen der Kontur als Gestaltungsmöglichkeit
– festliches Dekorieren mit Hilfe von Motiven aus Goldpapier
– Erweitern der technischen Fähigkeiten im Umgang mit Farben und unterschiedlichen Werkzeugen
– Gliedern von Flächen durch farbiges Gestalten
– Nutzen grafischer Mittel und Bildzeichen zum Schmücken und Verzieren

Vorgehensweise

Vorzeichnung
Die Kopiervorlage soll den Kindern als Zeichenhilfe dienen.
Damit die Komposition ausgewogen ist, wird das Malpapier zuerst so gefaltet, dass vier Felder entstehen. Dazu erst die schmalen Seiten übereinanderfalten (Buch), diese wieder auseinanderfalten und jeweils die äußeren Seiten auf die Mittellinie hin falten (Schrank).
Jede Kerze hat nun ein eigenes Feld, in welches sie gezeichnet wird. Dabei sollen die Kinder darauf achten, dass jede Kerze unterschiedlich hoch gezeichnet wird und noch ausreichend Platz für die Flamme bleibt.
Im unteren Teil wird Tannengrün angedeutet, welches die Kerzen optisch miteinander verbindet.

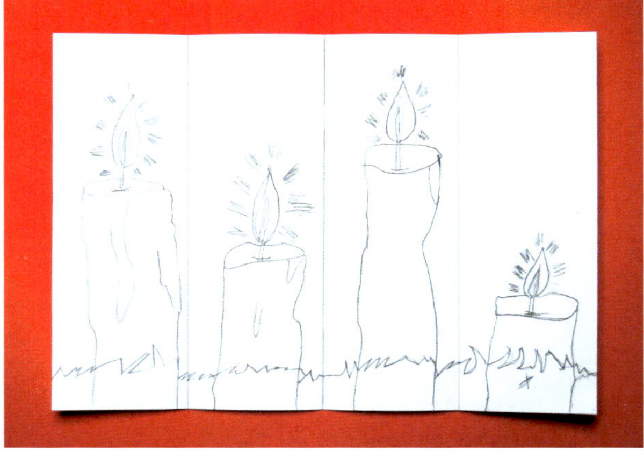

Hintergrund

Für den Hintergrund wird Blau mit dem Borstenpinsel und viel Wasser angerührt. Auf den feuchten Malschwamm wird nun die Farbe mit Hilfe des Borstenpinsels und immer wieder etwas Wasser aufgetragen, sodass die Farbe möglichst transparent auf dem Blatt erscheint.

Kerzen & Tannengrün

Die Kerzen werden deckend mit Rot ausgemalt, die Flammen und die Strahlen mit Gelb.
Das Tannengrün wird als Letztes farbig gestaltet, damit die Kerzen hinter dem Grün erscheinen.

Fertigstellung

Wenn das Bild gut durchgetrocknet ist, werden die Konturen mit dem schwarzen Marker nachgezogen.
Anschließend können aus Gold- oder Glitzerpapier weihnachtliche Motive ausgestanzt oder ausgeschnitten werden, um das Tannengrün zu verzieren.

Präsentation

Es lohnt sich wirklich, diese Bilder – zum Beispiel auf gelbes oder rotes Tonpapier aufgeklebt – in der Adventszeit aufzuhängen, da sie sehr festlich und dekorativ aussehen.
Am besten lassen Sie diese Aufgabe vor dem 1. Advent gestalten, dann haben Sie eine tolle Deko für die Vorweihnachtszeit.

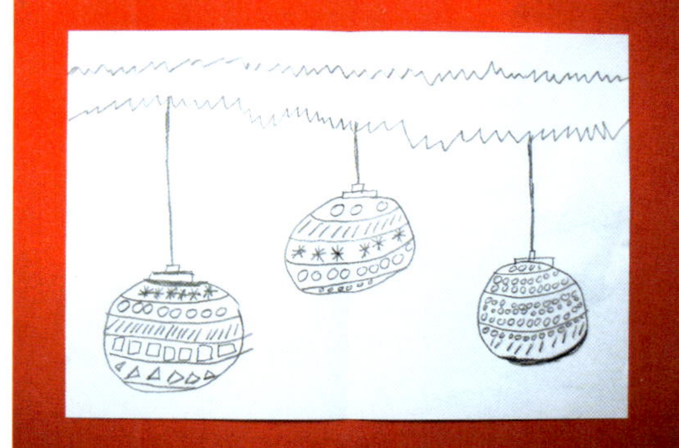

Tipp

Diese Gestaltungsaufgabe kann auch mit Christbaumkugeln als Motiv bearbeitet werden. Die Kugeln sollten dann noch ein Muster erhalten, welches durch schwarzen Marker und Stanzerformen unterstrichen wird.

Kriterien zur Leistungsbewertung

1. Wurde der Hintergrund transparent angelegt?
2 a. Wurden die Kerzen deckend ausgemalt?
(2 b. Wurden die Christbaumkugeln mit verschiedenen Mustern gestaltet?)
3. Passt die Verzierung zum Gesamtbild?
4. Wie ist der Gesamteindruck?

Schülerbeispiele

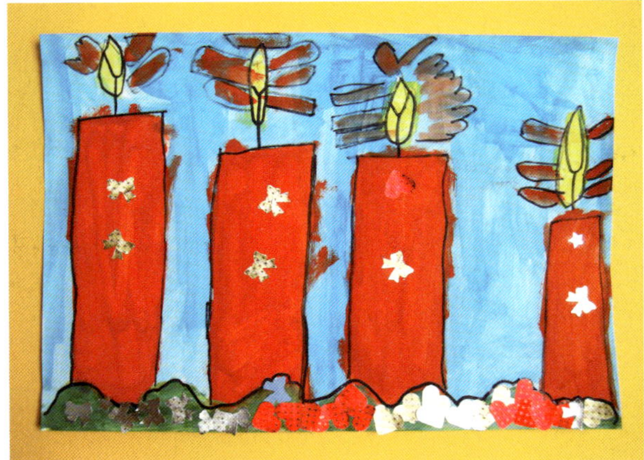

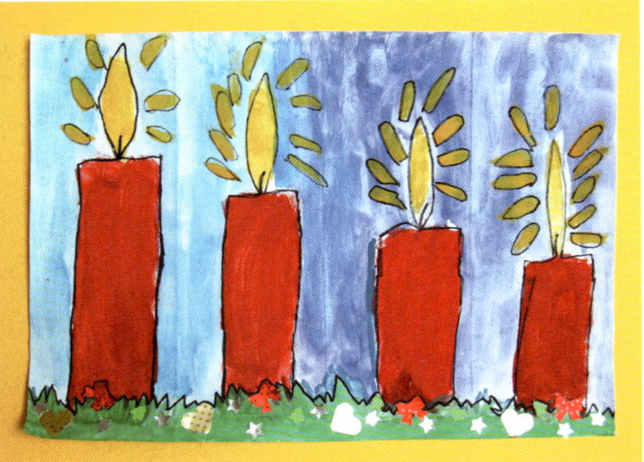

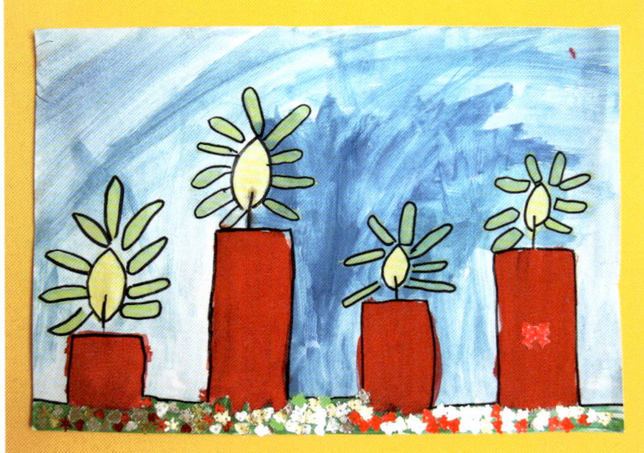

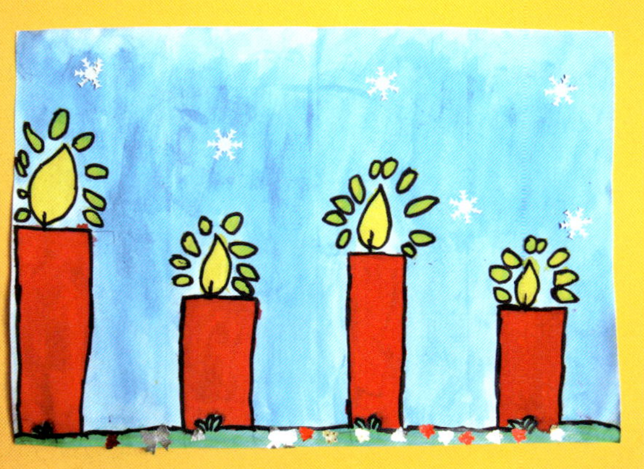

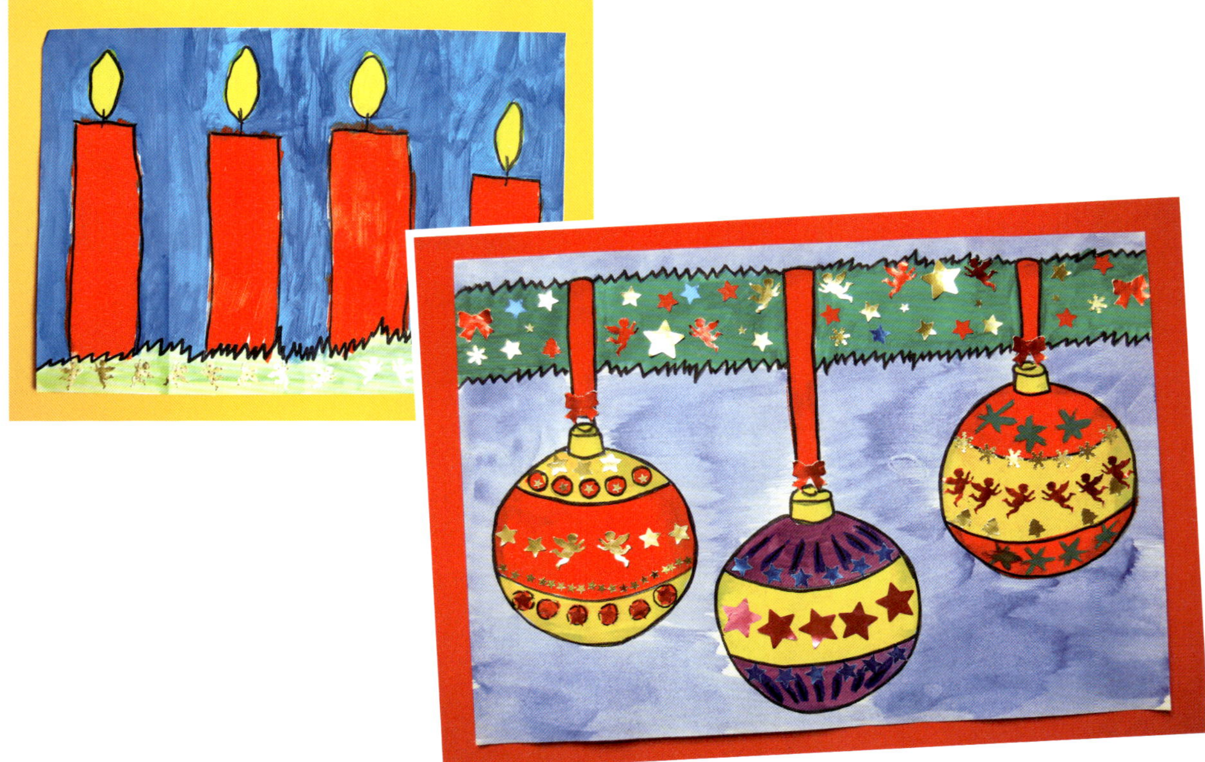

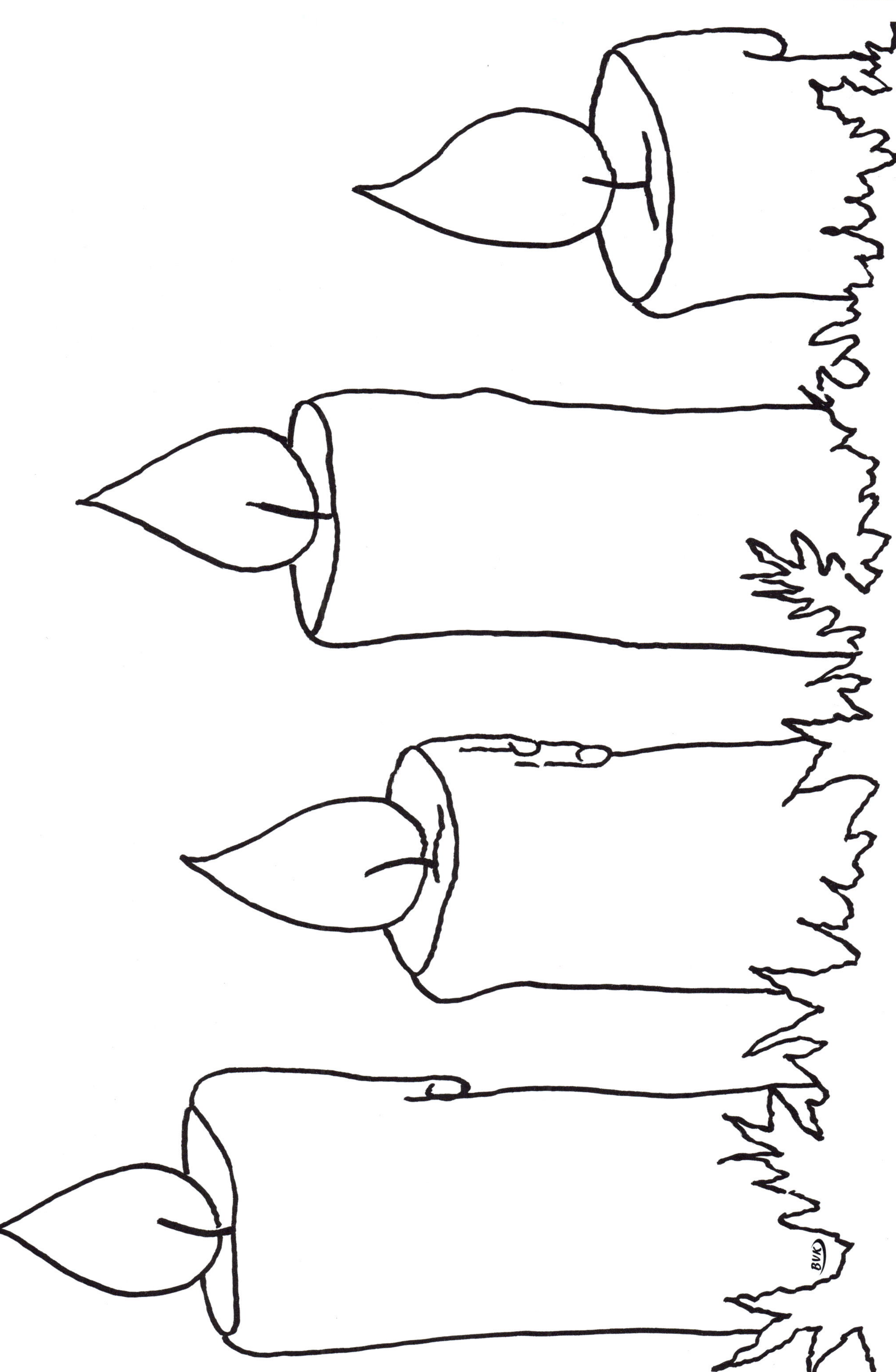
BVK

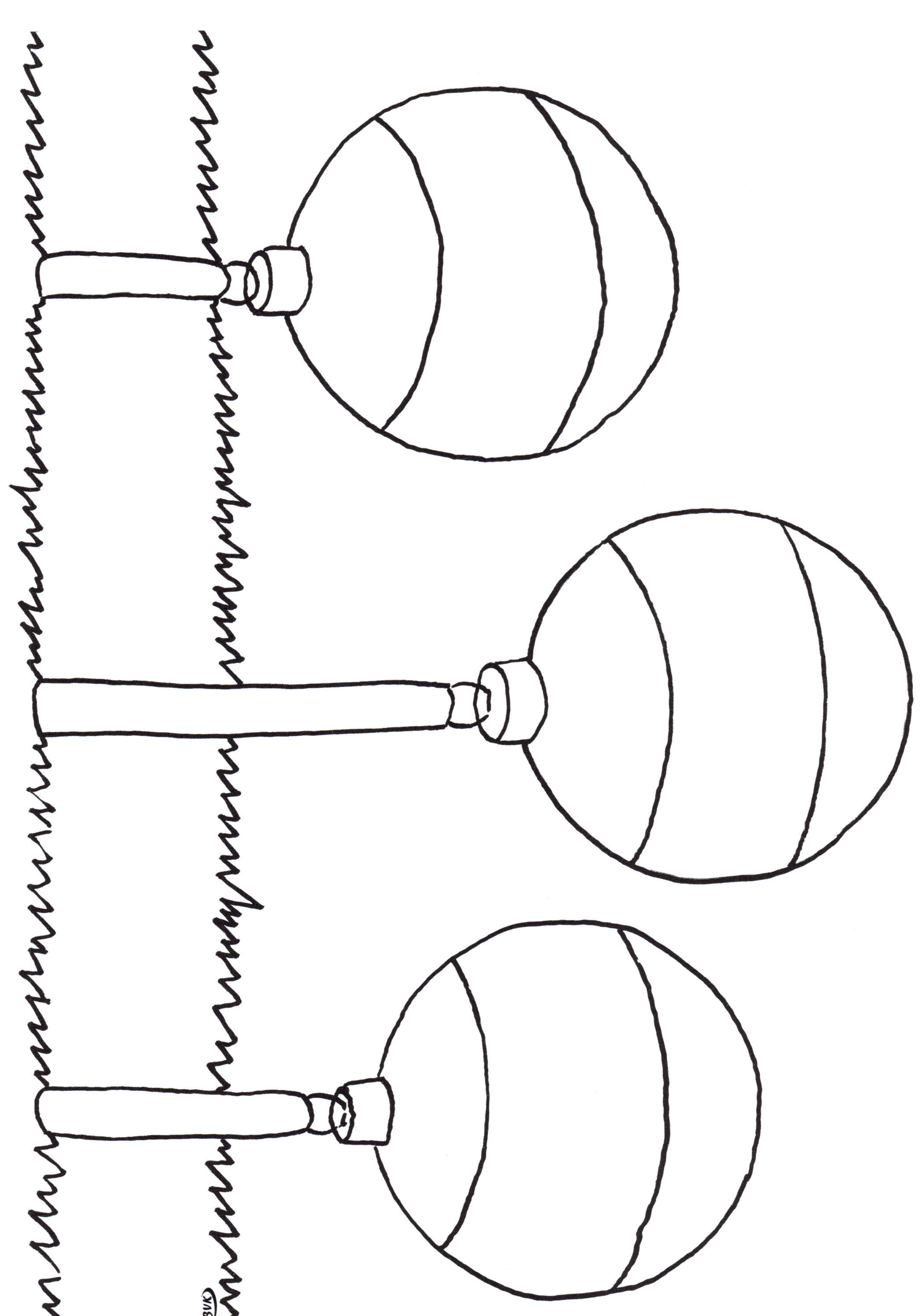

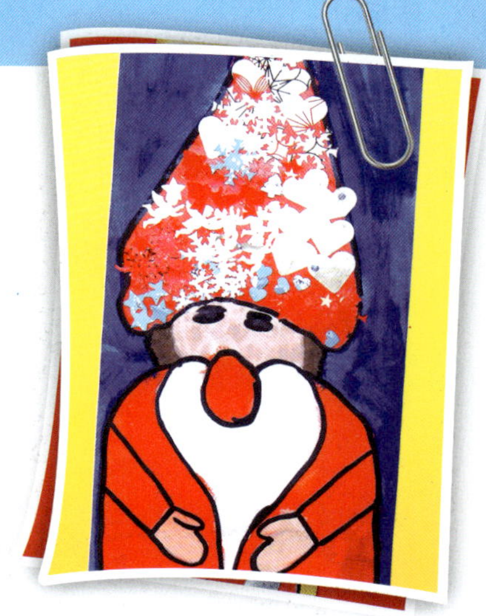

Nikolaus mit festlicher Mütze

Zeit
1 – 2 Unterrichtsstunden

Material
Kopiervorlage in DIN A3, Farbkasten mit Deckweiß, Borstenpinsel, Malschwämmchen, schwarzer Marker, Goldpapier oder glänzende Papiere, eventuell Ausstanzer mit weihnachtlichen Motiven

Bereiche & Schwerpunkte
Farbiges Gestalten und Grafisches Gestalten mit den Schwerpunkten Erproben von Materialien und Techniken, Zielgerichtet gestalten und Präsentieren

Lernziele & Kompetenzerwartungen
- deckender Farbauftrag mit dem Pinsel
- Nutzen der Kontur als Gestaltungsmöglichkeit
- festlich dekorieren mit Hilfe von Motiven aus Goldpapier
- **Erweitern der technischen Fähigkeiten im Umgang mit Farben und unterschiedlichen Werkzeugen**
- **Gliedern von Flächen durch farbiges Gestalten**
- **Nutzen grafischer Mittel und Bildzeichen zum Schmücken und Verzieren**

Vorgehensweise
Diese Gestaltungsaufgabe wirkt insbesondere durch das ungewöhnliche Format. Hierzu wird ein Malpapier DIN A3 der Länge nach halbiert.
Benutzen Sie die Kopiervorlage, so teilen Sie diese in zwei einzelne Nikolausfiguren.

Vorzeichnung
Diese Nikoläuse gelingen auch nicht so talentierten Zeichnern. Die Ergebnisse leben von der Vielfalt und der Individualität der Figuren. Bieten Sie die Kopiervorlage nur als Zeichenhilfe an. Für die Vorzeichnung im Kunsttagebuch wird das Blatt der Länge nach in der Mitte geknickt. Rechts Beispiele aus den Skizzenbüchern der Kinder.

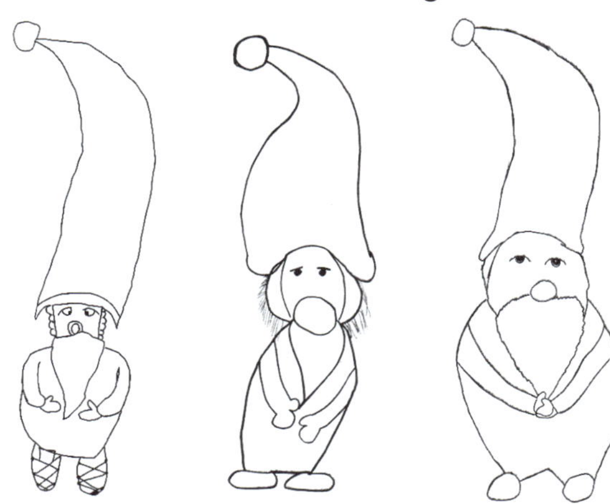

Hintergrund
Für den Hintergrund wird Blau oder Ocker deckend mit dem Borstenpinsel aufgetragen. Dabei sollte die Nikolausfigur nicht übermalt werden.

Nikolaus
Das Gesicht kann in Braun oder Rosa angemalt werden. Mütze und Jacke sollten in Rot gemalt werden. Für den Bart und eventuelle Fellbesätze an der Mütze wird Deckweiß benötigt.

Fertigstellung

Wenn das Bild gut durchgetrocknet ist, werden die Konturen mit dem schwarzen Marker nachgezogen.
Anschließend soll die große Mütze mit ausgestanzten, weihnachtlichen Motiven verziert werden.

Präsentation

Es lohnt sich, diese Bilder – zum Beispiel auf gelbes oder rotes Tonpapier aufgeklebt – in der Adventszeit aufzuhängen, da sie sehr festlich und dekorativ aussehen.
Am besten lassen Sie diese Aufgabe schon vor der Adventszeit gestalten.

Kriterien zur Leistungsbewertung

1. Wurde der Hintergrund gleichmäßig deckend angelegt?
2. Wurde der Nikolaus sorgfältig und deckend ausgemalt?
3. Passt die Verzierung zum Gesamtbild?
4. Wie ist der Gesamteindruck?

Schülerbeispiele

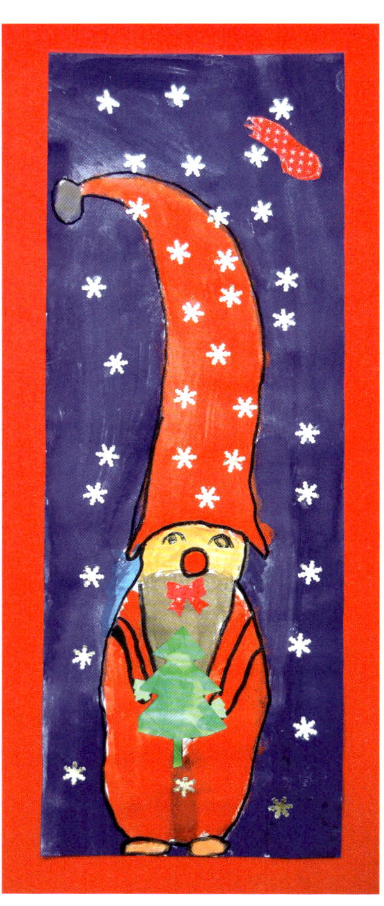

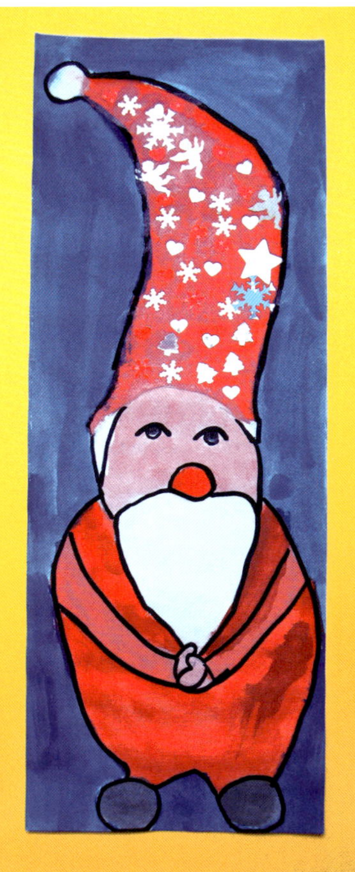

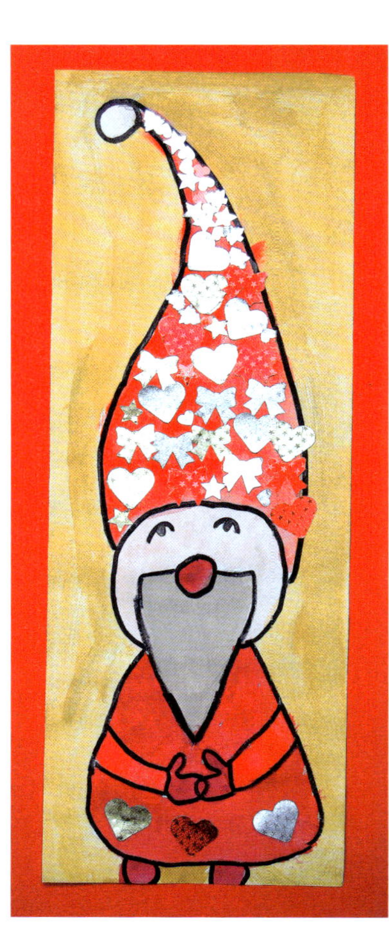

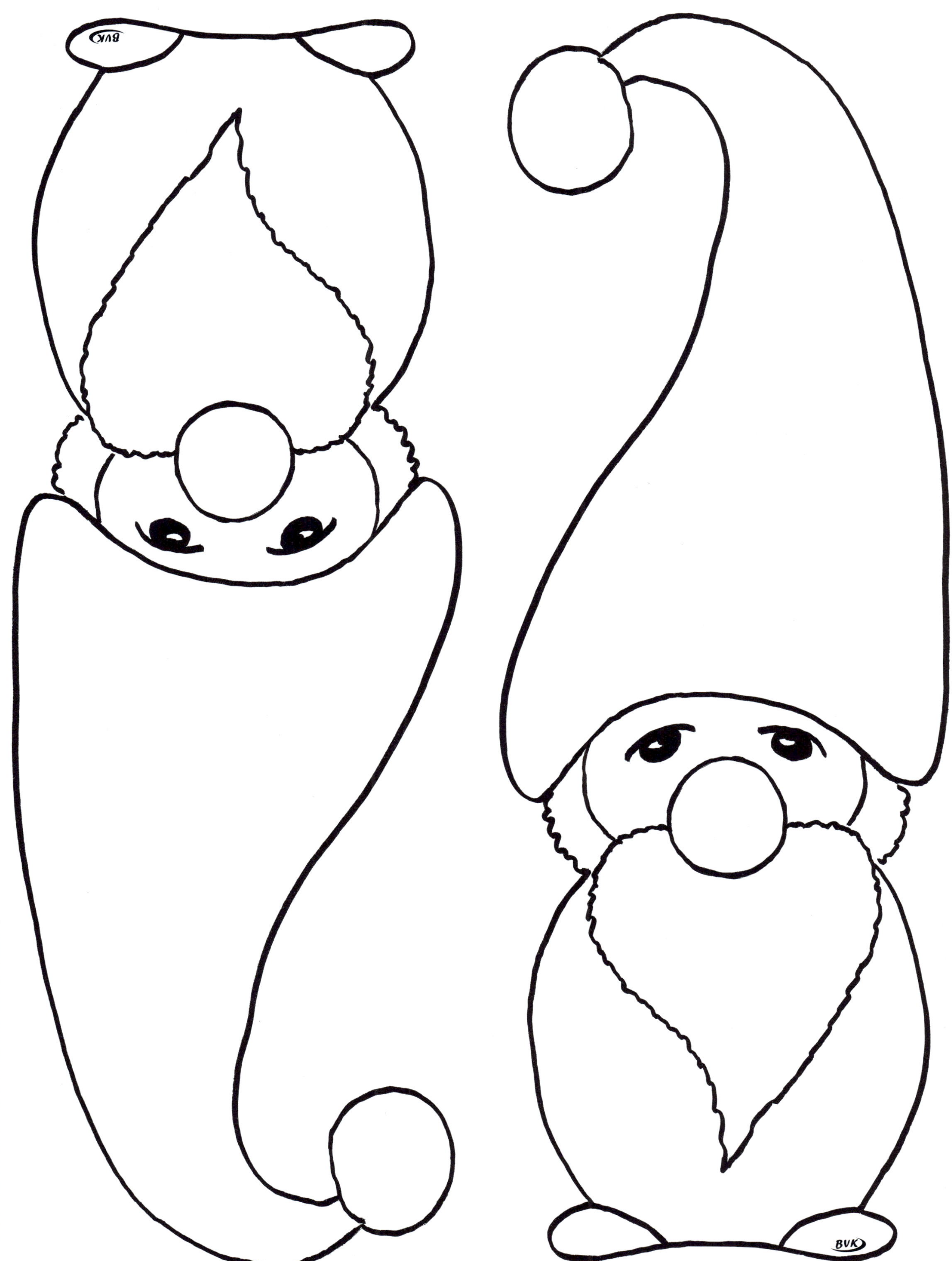
BVK
BVK

Winter-Bild

Zeit
1 – 2 Unterrichtsstunden

Material
Kopiervorlage in DIN A3, Malpapier, Farbkasten mit Deckweiß, Borstenpinsel, Malschwämmchen, Filz- oder Buntstifte, Klebestift, eventuell Schneeflocken-Stanzer

Bereiche & Schwerpunkte
Farbiges Gestalten und Grafisches Gestalten mit den Schwerpunkten Erproben von Materialien und Techniken, Zielgerichtet gestalten und Präsentieren

Lernziele & Kompetenzerwartungen
– bewusster Farbauftrag mit Schwamm und Pinsel
– Mischen mit Weiß
– Einsatz dekorativer Gestaltungselemente
– Erproben und Verarbeiten verschiedener Farben und Farbmaterialien mit unterschiedlichen Werkzeugen
– aus Farben neue Farbtöne mischen

Vorgehensweise
Bei dieser Gestaltungsaufgabe habe ich die Kopiervorlage für jedes Kind genutzt, da es Kindern oft schwerfällt, nur die Umrisse von Buchstaben zu zeichnen.

Hintergrund
Für den Hintergrund wird Cyanblau gut mit Wasser angerührt, mit dem Borstenpinsel auf das Malschwämmchen aufgetragen und mit Hilfe dieses Schwämmchens immer waagerecht zum unteren Bildrand aufgetragen. Dabei können die Buchstaben ruhig mit eingefärbt werden.

Buchstaben
Die Buchstaben werden nun einzeln, zuerst mit Hilfe des Borstenpinsels, ausgemalt. Dazu die Farben gut anrühren und deckend auftragen lassen. Als Farben können alle „Winterfarben“ benutzt werden (Violett, Ultramarinblau, Cyanblau, Blaugrün). Anschließend wird Deckweiß mit etwas Wasser im Mischdeckel angerührt. Die Buchstaben erhalten nun von oben bis etwa zur Mitte eine weiße Mütze. Da die Farben noch feucht sind, vermalt sich das Weiß ganz gut mit der Untergrundfarbe.
Mit Hilfe des Borstenpinsels können anschließend auch noch weiße Schneeflocken aufgetupft werden.

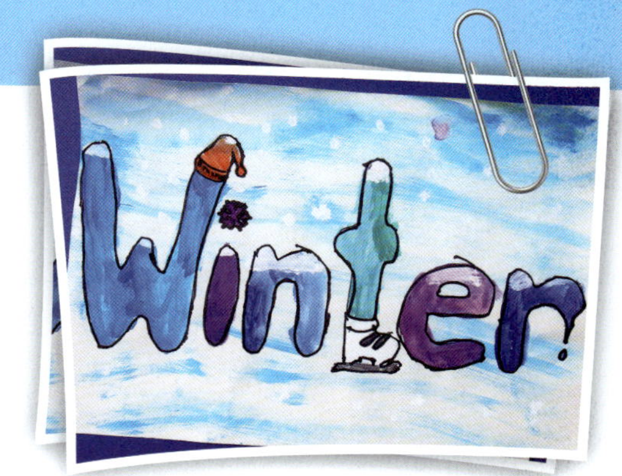

Details

Die kleinen Details sind schwer mit dem Pinsel auszumalen. Die Kinder, die es sich zutrauen, können diese mit dem Farbkasten ausmalen.
Ist das Bild gut getrocknet, dürfen die Details auch mit Filz- oder Buntstiften ausgemalt werden.
Wenn ein Schneeflocken-Stanzer vorhanden ist, lassen Sie die Kinder auch noch ausgestanzte Schneeflocken aufkleben.

Präsentation

Auf blauem Fotokarton aufgeklebt, wird die „Kälte des Winters" noch unterstrichen.

Kriterien zur Leistungsbewertung

1. Wurde der Hintergrund richtig (Richtung!) aufgetragen?
2. Wurden die Farben für die Buchstaben gut angerührt und satt aufgetragen?
3. Wurde Deckweiß nur im oberen Teil der Buchstaben verwendet?
4. Wie sorgfältig wurden die kleinen Details bearbeitet?
5. Wie ist der Gesamteindruck?

Schülerbeispiel

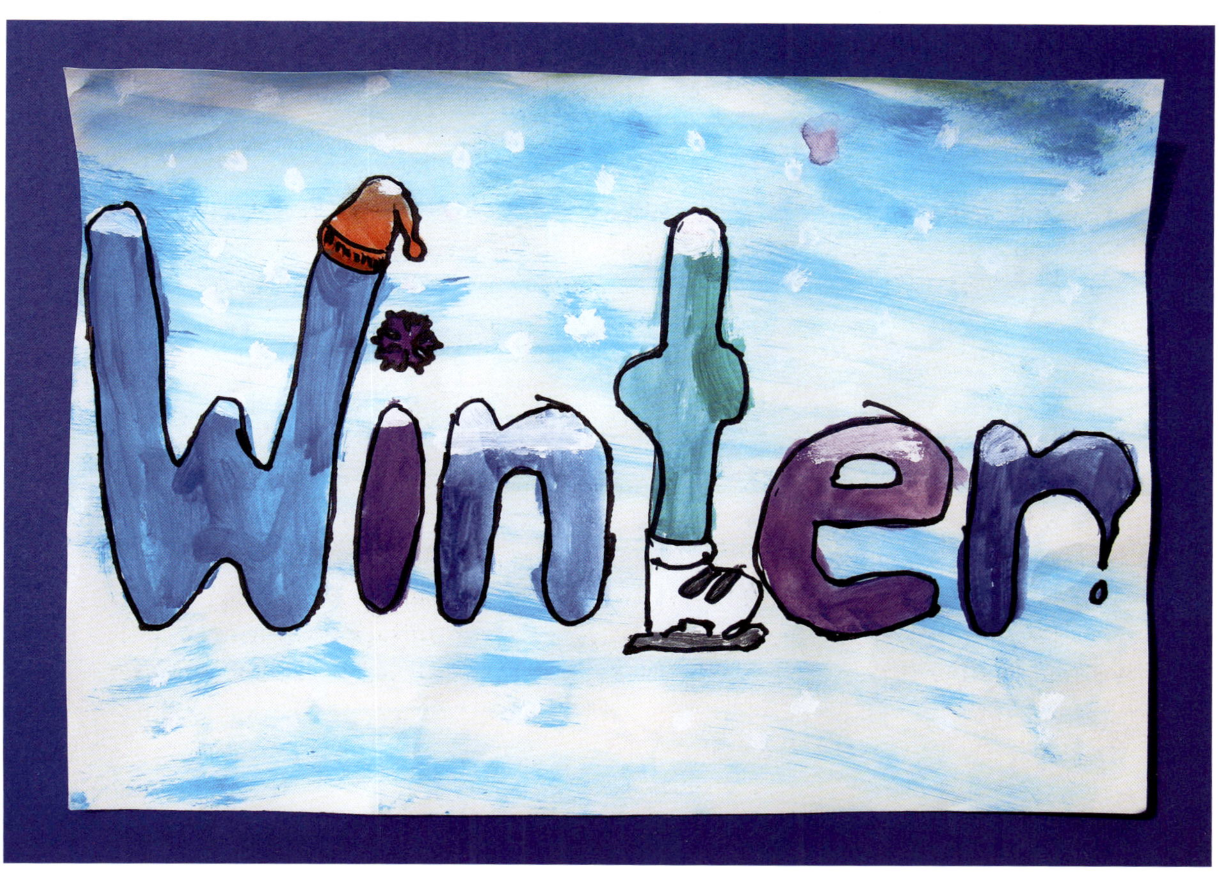

BVK PA208 • Astrid Friedrich • Malen lernen mit Kindern 3

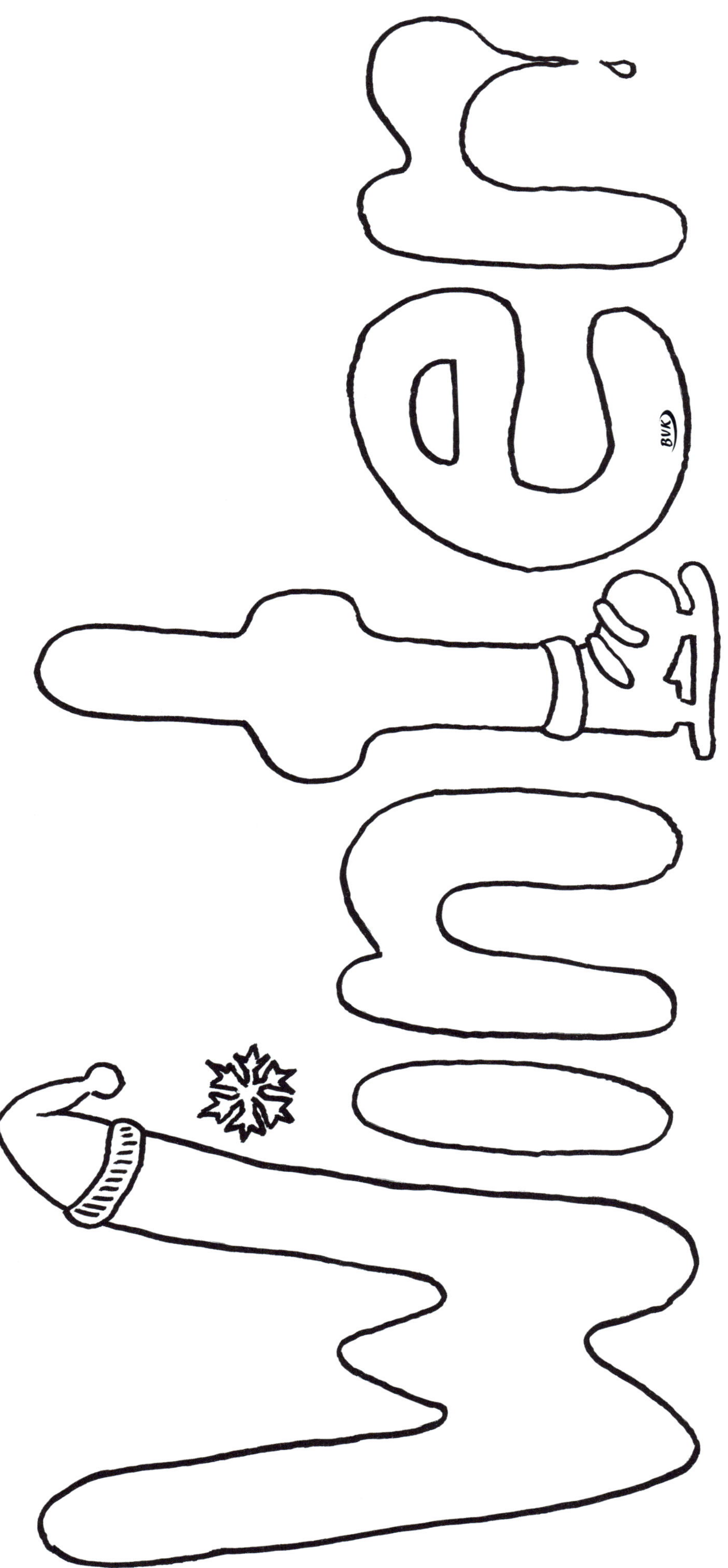
Winter
BVK

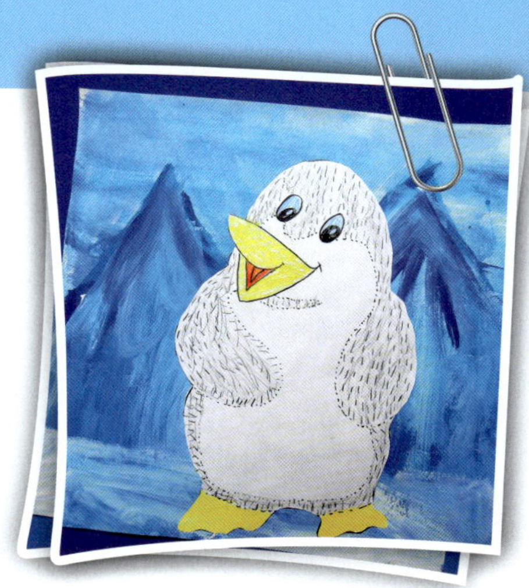

Pinguin auf der Eisscholle

Zeit

2–3 Unterrichtsstunden

Material

Kopiervorlage in DIN A4, Malpapier DIN A3, Farbkasten mit Deckweiß, Borstenpinsel, Malschwämmchen, Bunt- oder Filzstifte, schwarzer Tintenroller oder feiner Filzstift, Schere und Klebestift, eventuell Schneeflocken-Stanzer

Bereiche & Schwerpunkte

Farbiges Gestalten und Grafisches Gestalten mit den Schwerpunkten Erproben von Materialien und Techniken, Zielgerichtet gestalten und Präsentieren

Lernziele & Kompetenzerwartungen

- bewusster Farbauftrag mit Schwamm und Pinsel
- Mischen mit Weiß
- Kombinieren von Malerei und Zeichnung
- **Erproben und Verarbeiten verschiedener Farben und Farbmaterialien mit unterschiedlichen Werkzeugen**
- **aus Farben neue Farbtöne mischen**
- **Erproben grafischer Mittel in Bildgestaltungen**

Vorgehensweise

Vorbereitung

Das Malpapier zum Quadrat schneiden. Außerdem benötigt jedes Kind den Pinguin in Kopie (DIN A4).

Hintergrund

Für den Hintergrund wird Cyanblau gut mit Wasser angerührt und mit dem Borstenpinsel auf das Malschwämmchen aufgetragen. Mit Hilfe dieses Schwämmchens wird die Farbe immer waagerecht zum unteren Bildrand auf das quadratische Malpapier aufgetragen.

Eisberge

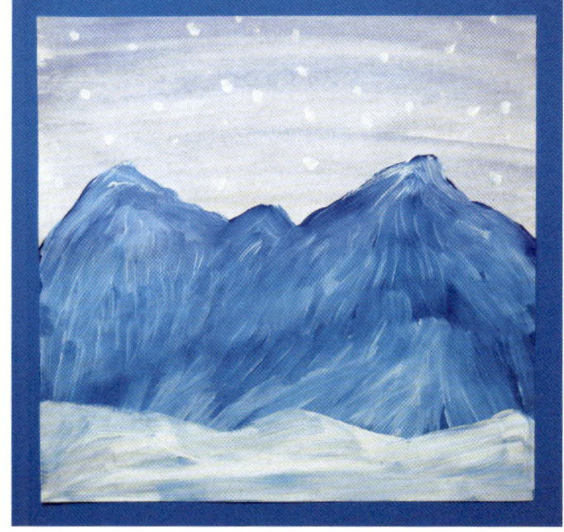

Die Eisberge werden nun mit Hilfe des Borstenpinsels frei aufgemalt. Dazu die Farben gut anrühren und deckend auftragen lassen. Als Farben können alle „Winterfarben" benutzt werden (Violett, Ultramarinblau, Cyanblau, Blaugrün). Anschließend wird im vorderen unteren Bereich des Bildes die Eisscholle mit Deckweiß aufgemalt. Falls das Deckweiß zu dickflüssig ist, kann es mit Wasser verdünnt werden. Das Deckweiß wird sich etwas mit der noch feuchten Untergrundfarbe vermischen, was eine malerische Wirkung erzielt.

Auch in die Berge können die Kinder mit Deckweiß Akzente setzen. Mit Hilfe des Borstenpinsels oder als Fingerdruck können auch noch weiße Schneeflocken aufgetupft werden. (Evtl. auch Schneeflocken-Stanzer für die Schneeflocken verwenden.) Anschließend muss der Hintergrund gut durchtrocknen.

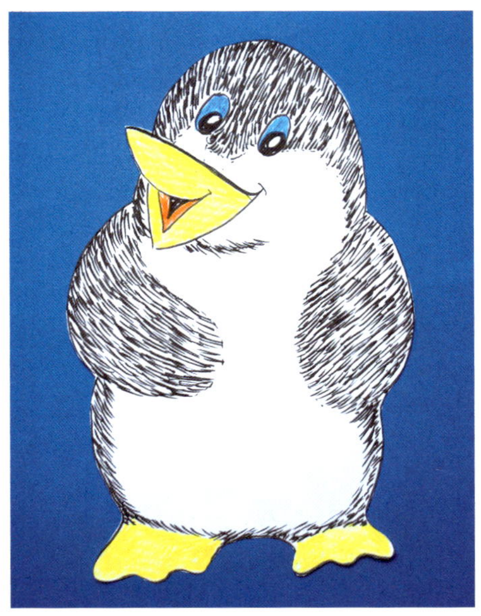

Pinguin

Jedes Kind erhält seinen Pinguin. Schnabel und Füße werden in Gelb oder Orange mit Bunt- oder Filzstiften „ausgemalt“.

Anschließend werden mit einem feinen, schwarzen Filzstift (oder einem schwarzen Tintenroller), Bunt- oder Bleistift die Federn eingezeichnet. Dabei die Kinder zum gleichmäßigen „Stricheln“ ermutigen.

Fertigstellen

Ist der Pinguin fertig bearbeitet, wird er ausgeschnitten und auf den gut durchgetrockneten Hintergrund geklebt.

Präsentation

Um die „Kälte“ des Winters zu unterstreichen, sollten die Bilder auf blauen Fotokarton aufgeklebt werden. Als Kontrastprogramm kann auch Gelb gewählt werden.

Kriterien zur Leistungsbewertung

1. Wurde der Hintergrund richtig (Richtung!) aufgetragen?
2. Wurden die Farben für die Eisberge gut angerührt und satt aufgetragen?
3. Wurde Deckweiß nur im oberen Teil der Eisberge verwendet?
4. Wie sorgfältig wurden beim Pinguin die „Federn“ gestrichelt?
5. Wurden Füße und Schnabel farbig gestaltet?
6. Wie sorgfältig wurde beim Ausschneiden und Aufkleben gearbeitet?
7. Wie ist der Gesamteindruck?

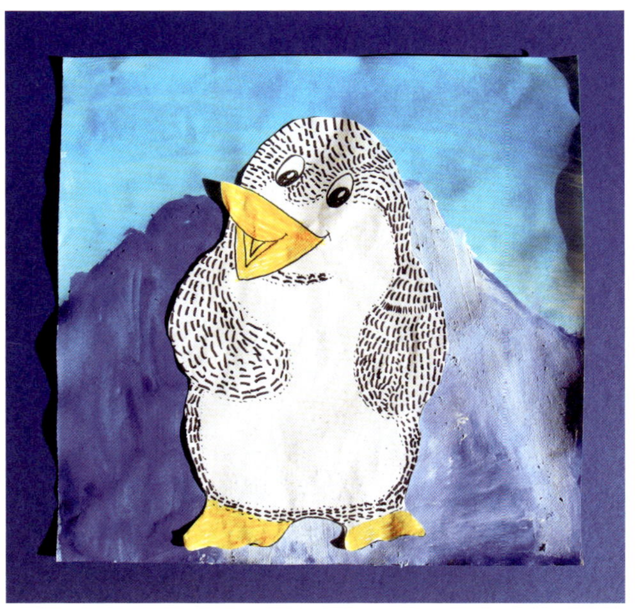

Schülerbeispiele

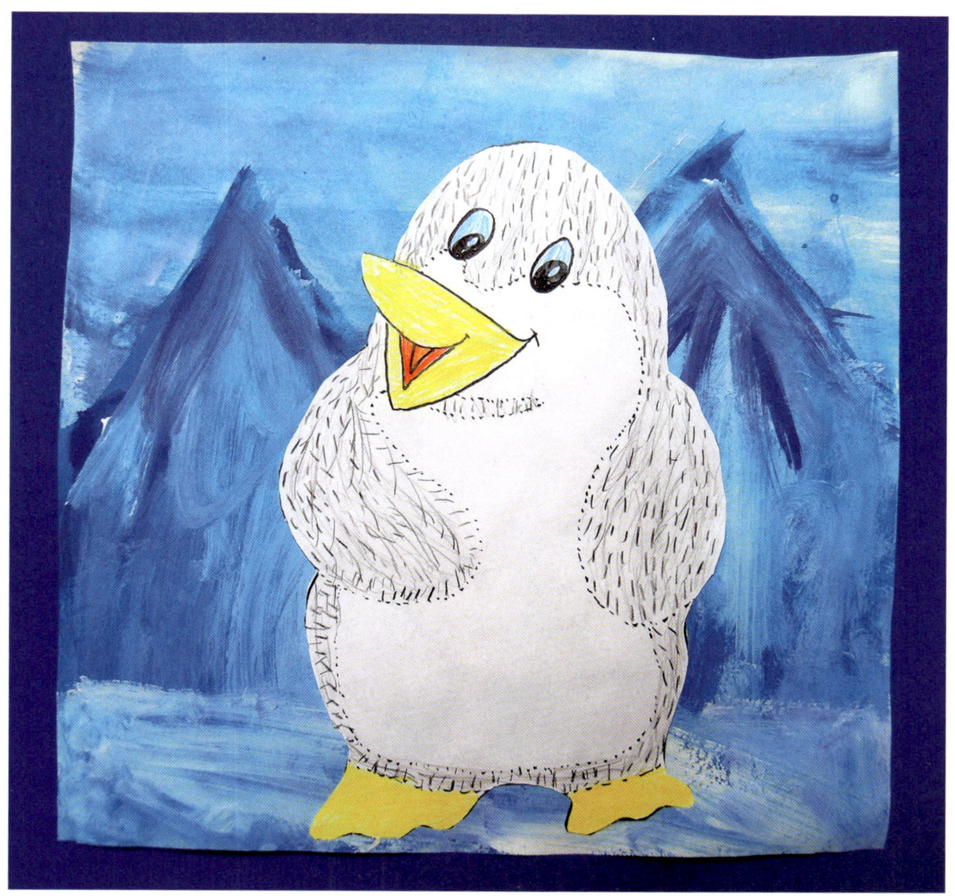

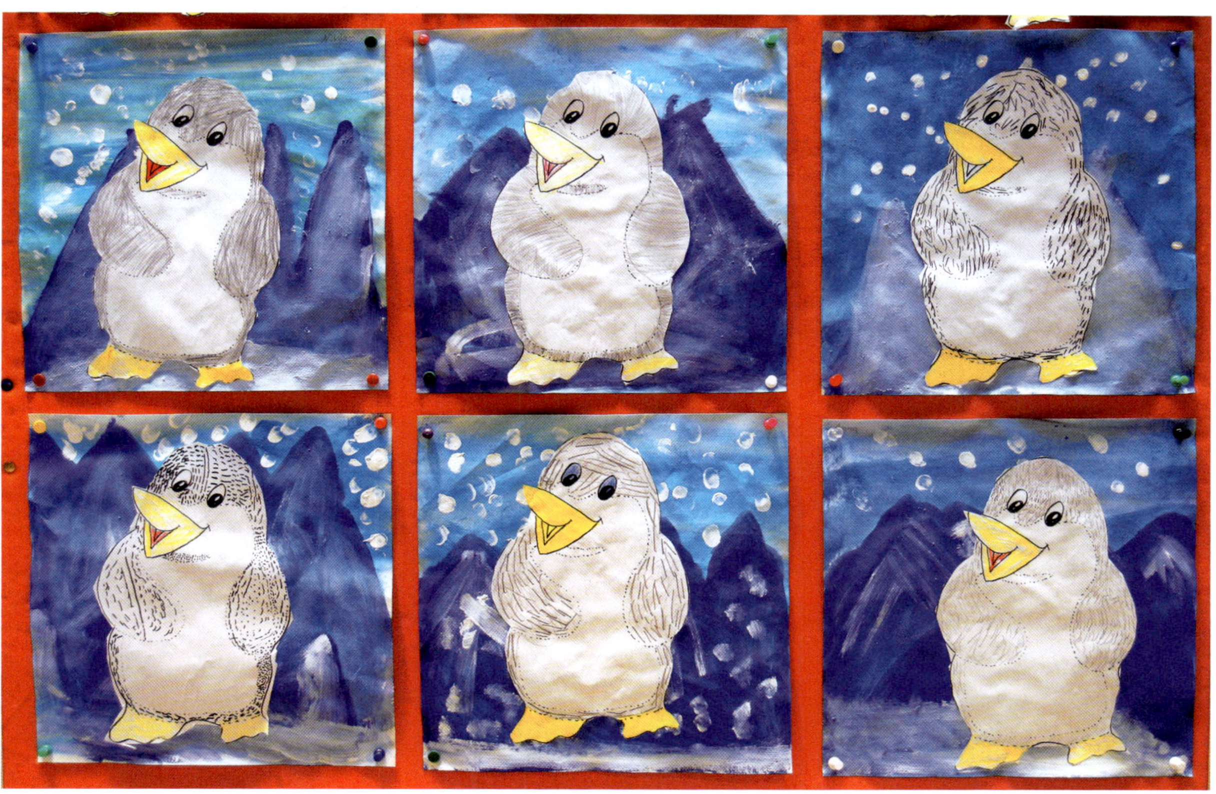

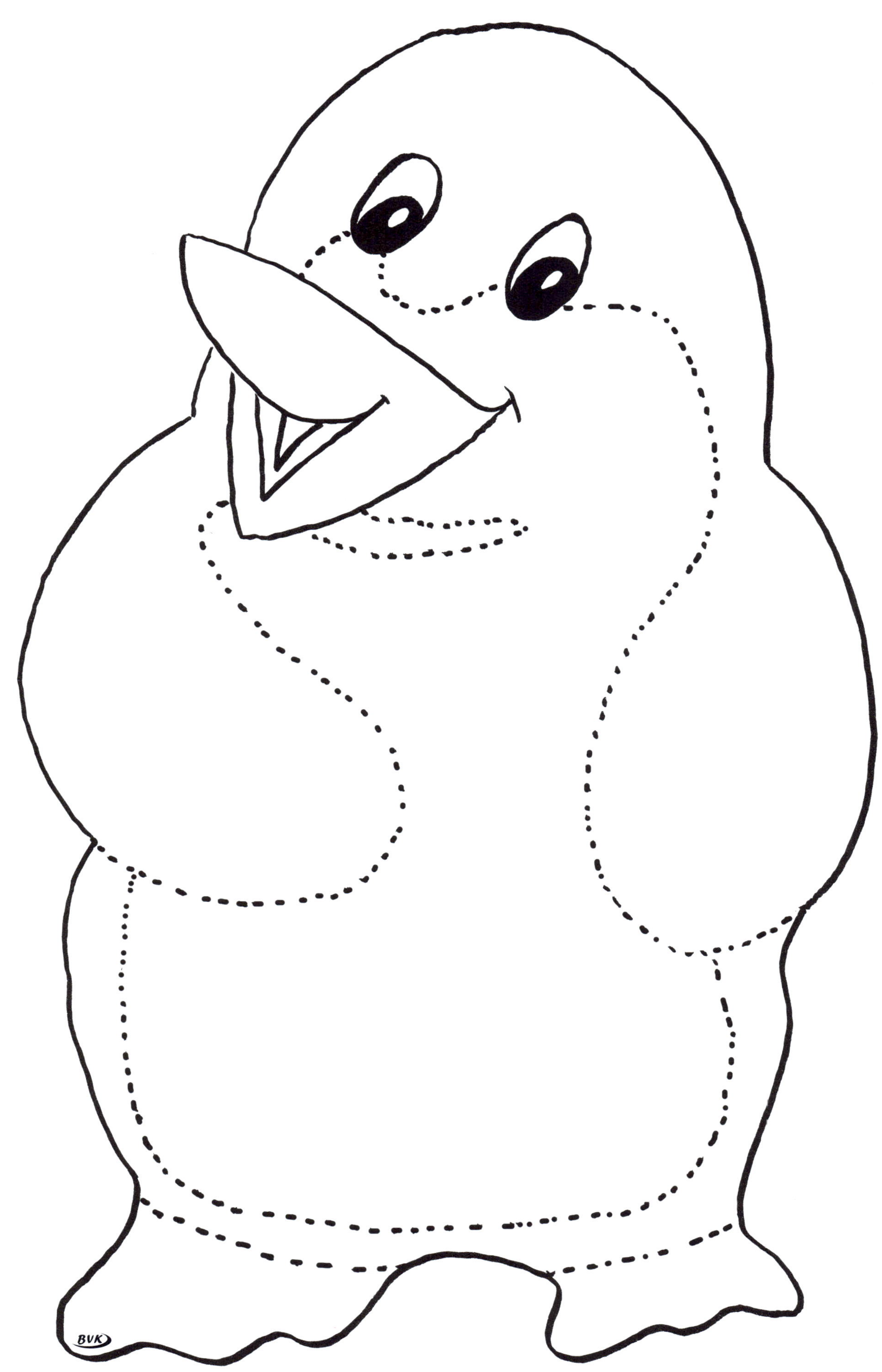
BVK

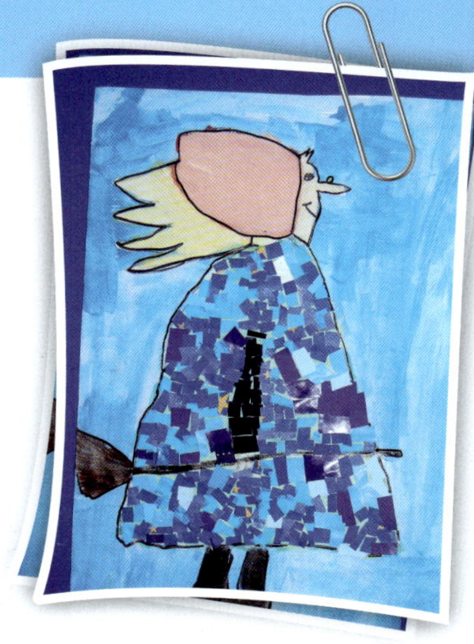

Eishexe

Zeit

2–3 Unterrichtsstunden

Material

Kopiervorlage in DIN A3, Malpapier, Farbkasten, Borstenpinsel, schwarzer Marker, Schere, Klebestift, diverse Papiere in Blautönen

Bereiche & Schwerpunkte

Farbiges Gestalten und Grafisches Gestalten mit den Schwerpunkten Erproben von Materialien und Techniken, Zielgerichtet gestalten und Präsentieren

Lernziele & Kompetenzerwartungen

- lasierender und deckender Farbauftrag mit dem Pinsel
- Nutzen der Kontur als Gestaltungsmöglichkeit
- Nutzen der Collage zur reliefhaften Gestaltung
- Kennenlernen und Nutzen der „kalten" Farben
- **Erweitern der technischen Fähigkeiten im Umgang mit Farben und unterschiedlichen Werkzeugen**
- **Gliedern von Flächen durch farbiges Gestalten**
- **Einsetzen farbiger Materialien zum Collagieren, Ausgestalten und Akzentuieren**

Vorgehensweise

Vorbereitung

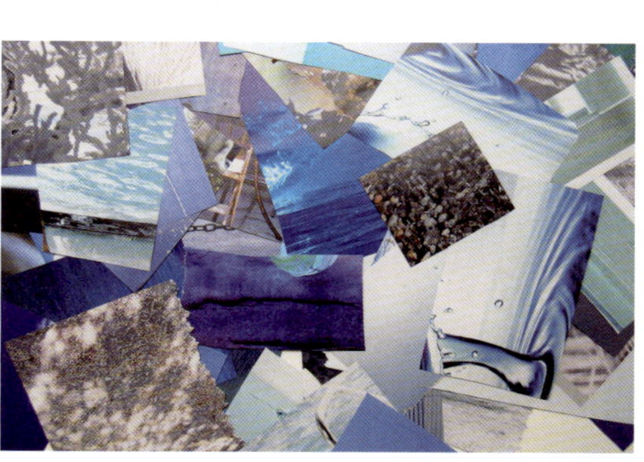

Zur Ausgestaltung des Hexenkleides werden Papierschnipsel in verschiedenen Blautönen benötigt. Material findet man in allen möglichen Zeitschriften und Werbeprospekten (z. B. Abbildungen von Himmel und Wasser). Aber auch Geschenkpapiere oder Bastelpapiere in diversen Blautönen sind gut geeignet.
Die Kinder sollten das Material vorab sammeln und am besten schon als Hausaufgabe in kleine Papierflicken / -schnipsel (Größe ca. 1 x 1 cm) schneiden oder reißen. Diese Schnipsel lassen sich gut in einem Glas mit Schraubdeckel oder einer kleinen Schachtel transportieren.

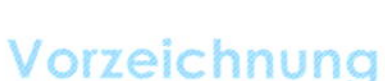

Vorzeichnung

Die Kopiervorlage dient den Kindern als Zeichenhilfe. Da einige Kinder es zu schwierig fanden, die Hexe auf dem Besen zu zeichnen, durften sie die Hexe auch stehend mit dem Besen in der Hand zeichnen. Hier Schülerbeispiele aus dem Skizzenbuch der Kinder:

Hintergrund

Für den Hintergrund wird Blau mit dem Borstenpinsel und viel Wasser angerührt. Diese Farbe soll nun möglichst transparent auf das Blatt aufgetragen werden. Dabei ist es wichtig, eine Malrichtung einzuhalten: entweder von oben nach unten oder von links nach rechts – damit der Hintergrund einigermaßen gleichmäßig erscheint.

Hexe

Die Hexe wird zunächst mit Wasserfarben angemalt. Dabei für die Kleidung „kalte“ Farben verwenden lassen. Haare, Gesicht und Besen können auch in Brauntönen gemalt werden. Wichtig ist, dass das Kleid, welches anschließend mit Papierschnipseln beklebt werden soll, schon eine Untergrundfarbe bekommt.

Collagieren

Nun werden die gesammelten, Papierflicken in Blautönen auf das Kleid aufgeklebt. Bewährt hat sich folgende Vorgehensweise:
Mit dem Klebestift wird ein Streifen (ca. 2 cm breit) auf dem Kleid eingeschmiert.
Die Papierschnipsel werden mit dem Zeigefinger (leicht mit etwas Spucke anfeuchten) aufgenommen und auf dem Kleber angedrückt. Sind die 2 cm vollgeklebt, wird der nächste Streifen mit Klebstoff eingestrichen.

Präsentation

Es lohnt sich wirklich, die Bilder zum Beispiel auf hell- oder dunkelblaues Tonpapier aufzukleben. Diese Bilder können den ganzen Winter über hängenbleiben.

Tipp

Werden warme Farben (diverse Rottöne) verarbeitet, wird aus der Eishexe eine **Feuerhexe.**

Eine weitere Variation ist die Verwendung von Grüntönen. Dann wird eine **Kräuterhexe** daraus.

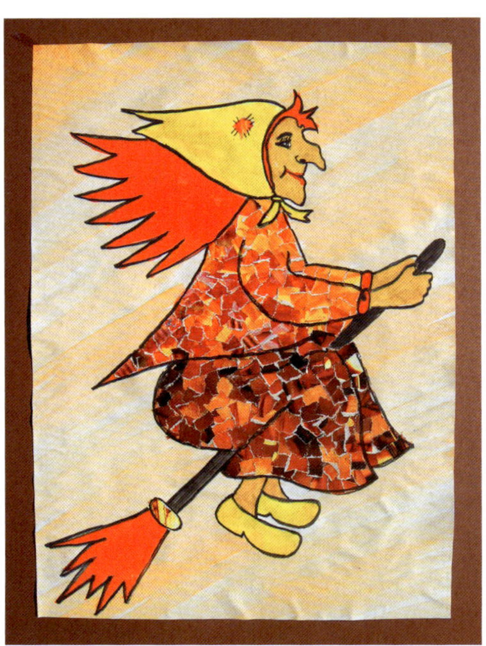

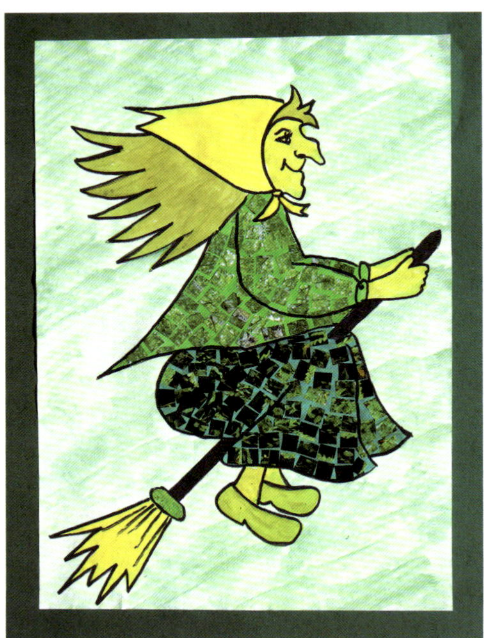

Schülerbeispiele

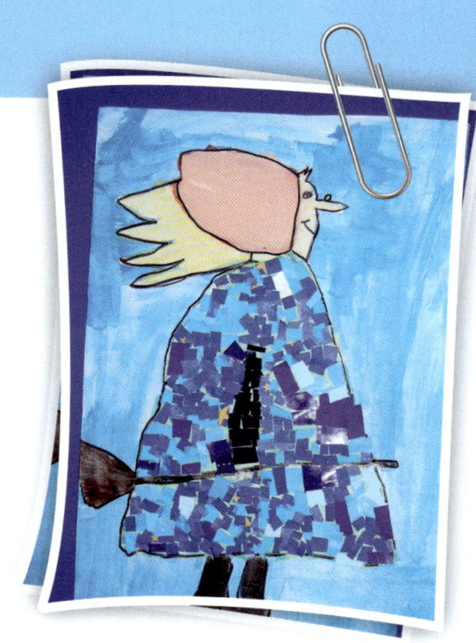

Kriterien zur Leistungsbewertung

1. Wurde der Hintergrund transparent angelegt?
2. Wurde die Hexe sorgfältig deckend ausgemalt?
3. Wie sorgfältig und vielfältig wurden die Flicken hergestellt und aufgeklebt?
4. Auch die Zeichnung sollte mit in die Bewertung einfließen!
5. Wie ist der Gesamteindruck?

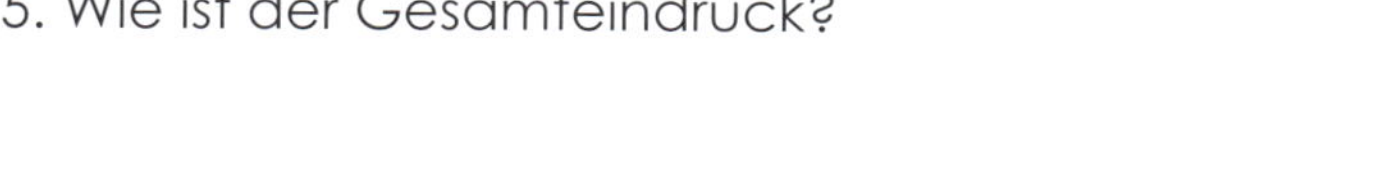

Schülerbeispiele

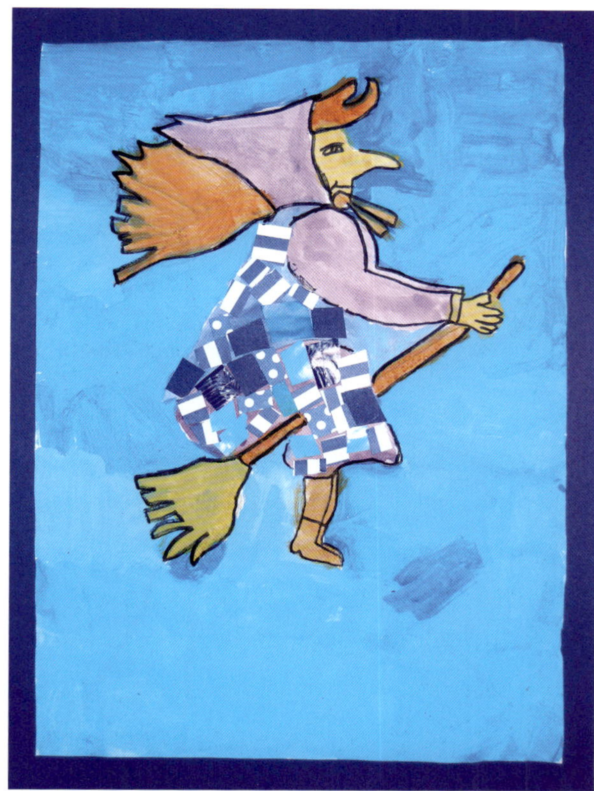

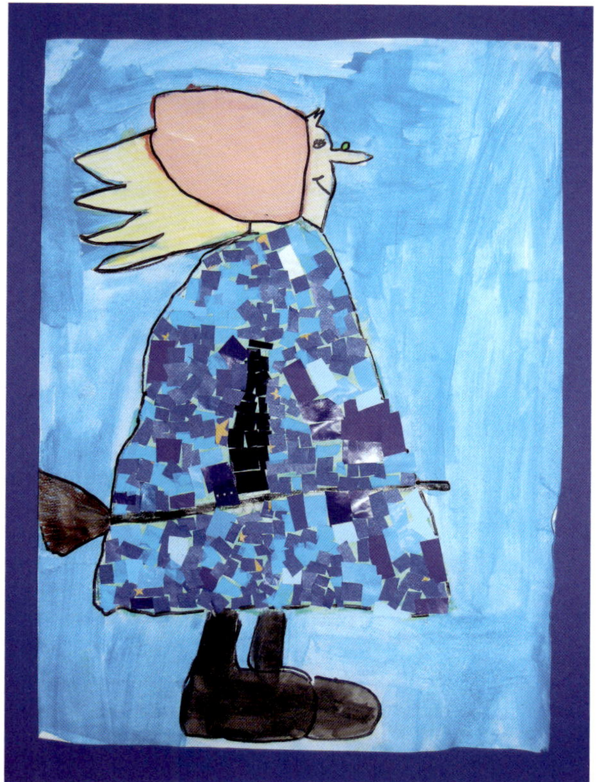

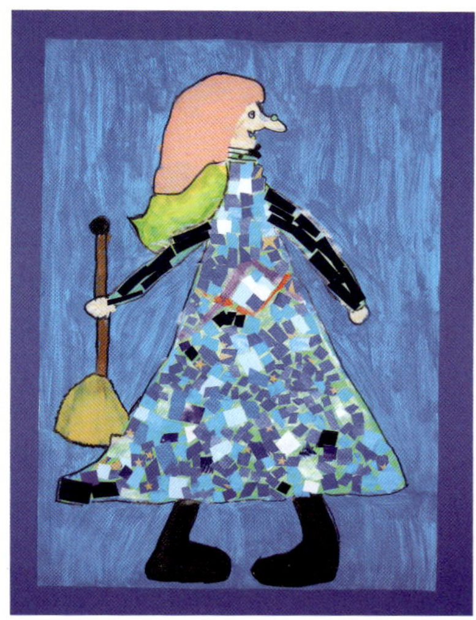

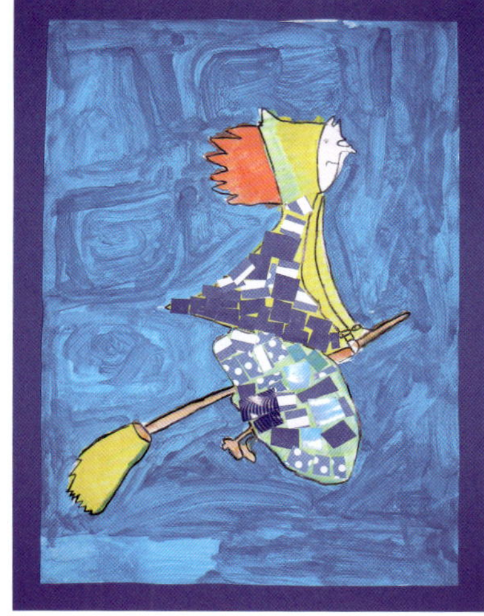

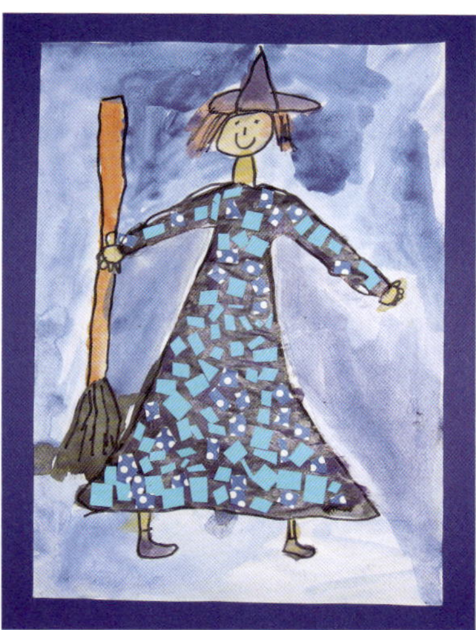

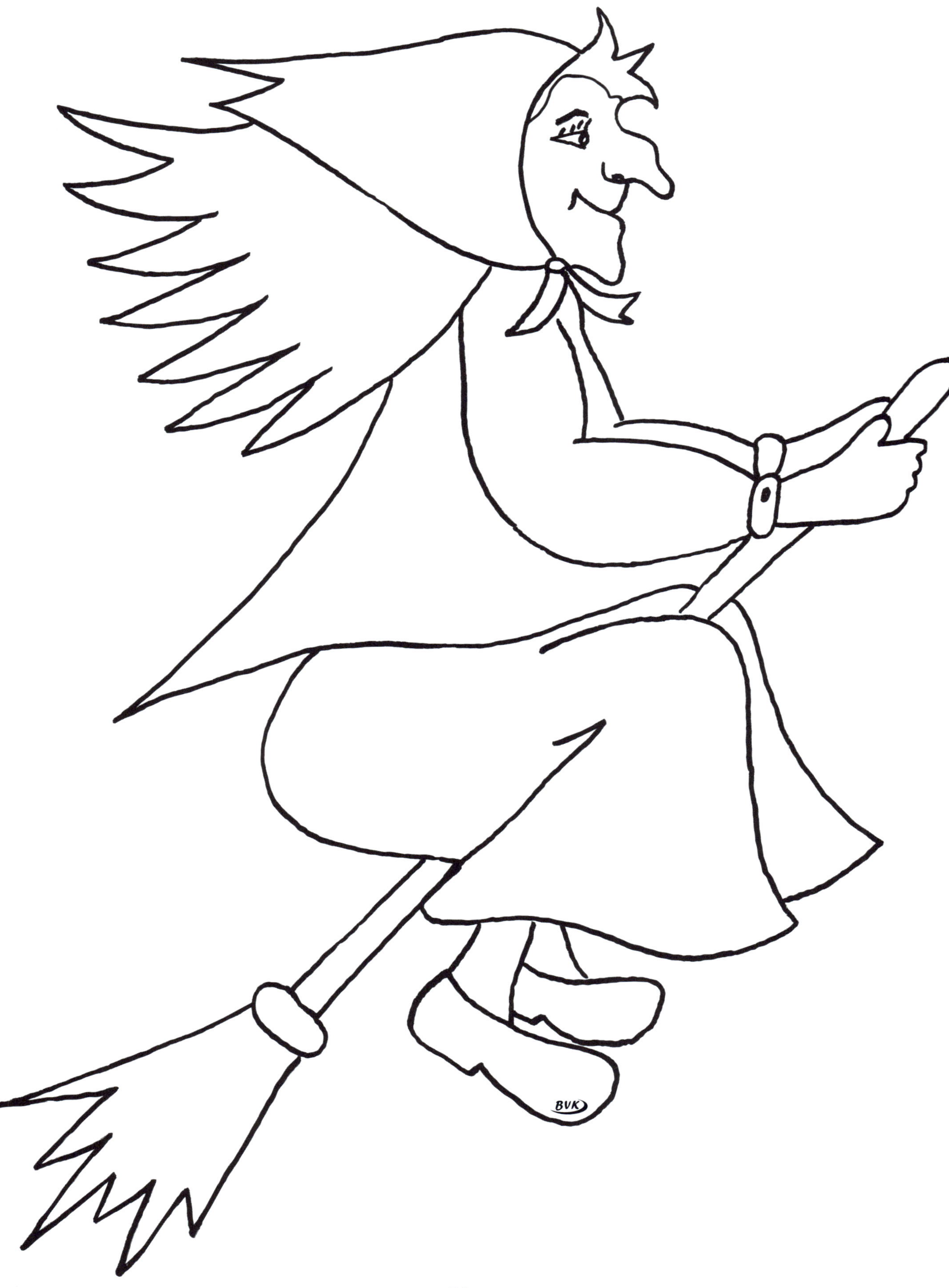
BVK

Woll-Schaf

Zeit

3 – 4 Unterrichtsstunden

Material

Kopiervorlage in DIN A3, Malpapier, Farbkasten, Borstenpinsel, Schere, Klebestift, Wollreste

Bereiche & Schwerpunkte

Farbiges Gestalten und Textiles Gestalten mit den Schwerpunkten Erproben von Materialien und Techniken, Zielgerichtet gestalten und Präsentieren

Lernziele & Kompetenzerwartungen

– Kennenlernen verschiedener Wollarten und deren Eigenschaften
– Gliedern von Flächen durch farbiges Gestalten
– Erweitern der technischen Fertigkeiten im Umgang mit Farben und Farbmaterialien
– textile Eigenschaften wahrnehmen und Textilien unterscheiden
– Einsatz von farbigem Material zum Collagieren (hier mit Wolle)

Vorgehensweise

Tipp

Möglichst schon 1 bis 2 Wochen vorher von allen Kindern verschiedene Wollreste mitbringen lassen und an einem Ort sammeln. Eventuell besitzt Ihre Schule auch noch Wollkisten mit Material. Für die Kinder eine tolle Erfahrung, verschiedene Wollsorten kennenzulernen, in die Hand zu nehmen und selbst zu prüfen, welche Wolle für ihr Schaf geeignet ist. Besonders gut geeignet sind flauschige Wollarten wie zum Beispiel Mohair, Angora, Fransenwolle und Bouclèwolle. Glattes Baumwollgarn eignet sich nicht so gut, da es zu schwer ist und nicht so gut klebt.

Vorzeichnung

Die Kopiervorlage dient den Kindern als Zeichenhilfe. Lassen Sie die Kinder ihre eigenen Schafe zeichnen. Es werden tolle Ergebnisse herauskommen.
Hier einige Beispiele aus den Skizzenbüchern der Kinder:

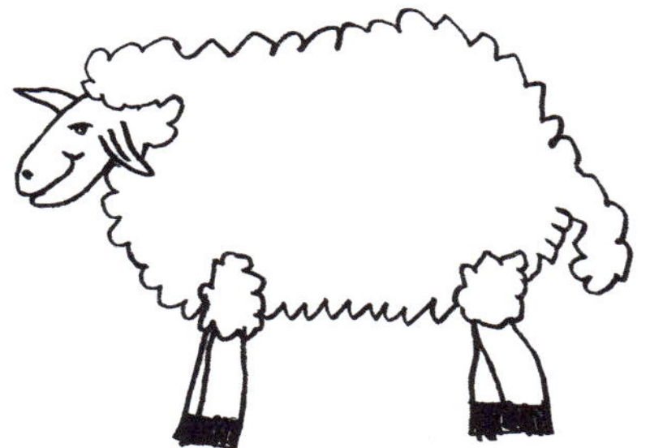
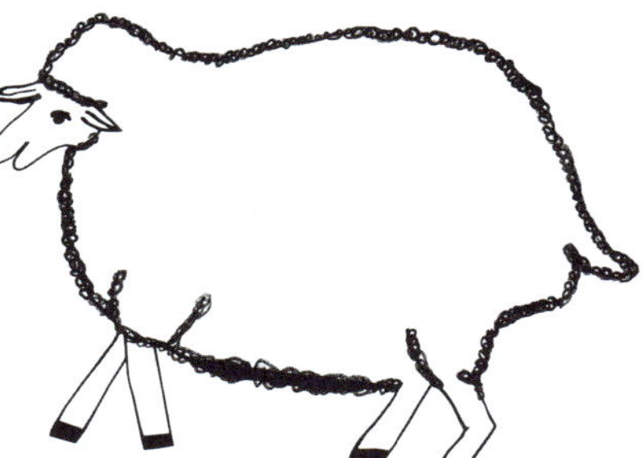
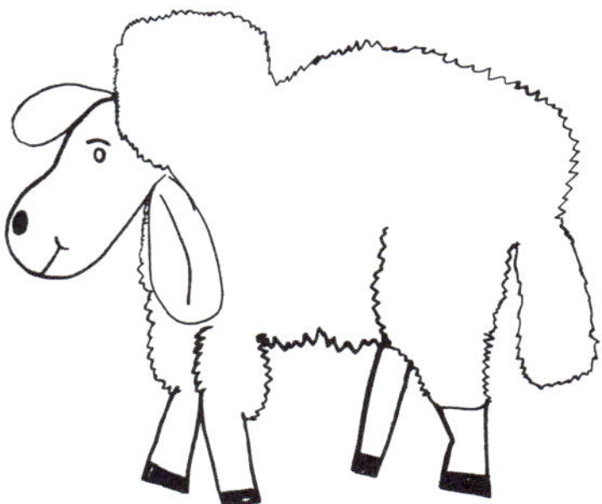

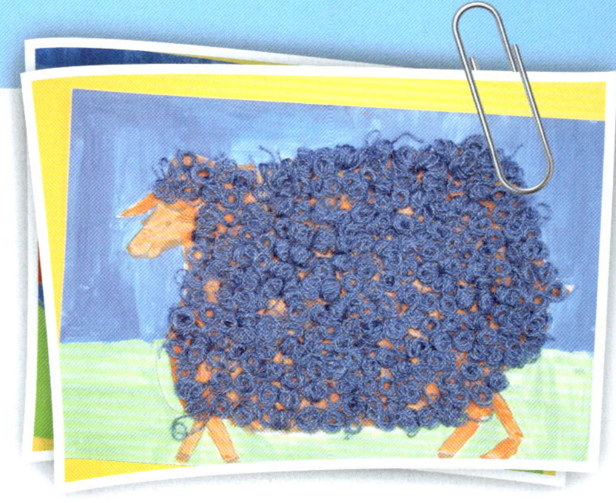

Hintergrund
Der Hintergrund sollte in zwei Bereiche unterteilt werden: Himmel und Rasen. Der Himmel wird deckend in dunklem Blau angelegt, der Rasen in Grüntönen.

Schaf
Das Schaf wird zunächst in dem Farbton der ausgewählten Wolle angemalt. Ist die Farbe gut durchgetrocknet, werden die „Wollkringel“ aufgeklebt.

Dazu Wolle etwa 6–8-mal locker um den rechten Zeigefinger wickeln, Faden abschneiden, einen guten Klebstofftupfen auf das Papier geben, den Wollkringel vom Finger abstreifen und aufkleben. Dabei kurz mit dem Zeigefinger gut andrücken.
Dies wird nun Kringel für Kringel wiederholt. Die Kringel können Reihe für Reihe angeordnet werden oder auch in Bögen.

Hier wird die Wolle in Reihen angeordnet:

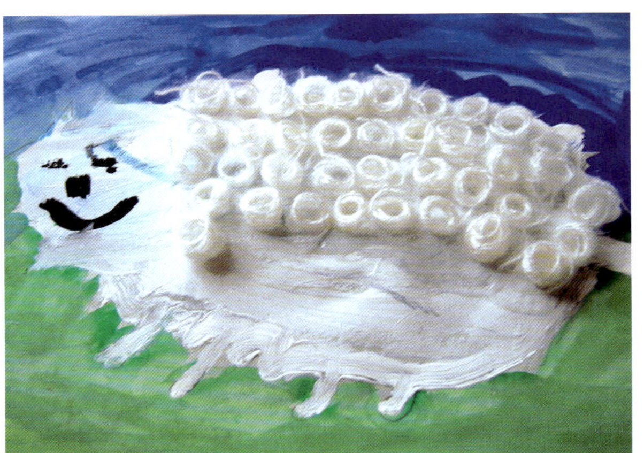

Dieses Kind ordnet seine Wolle in Bögen an:

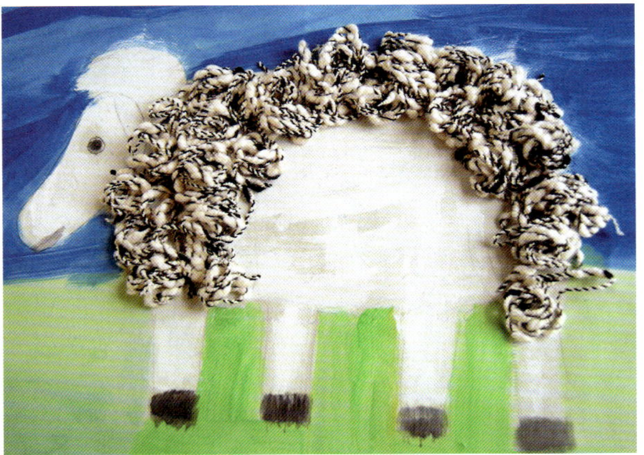

Präsentation
Schön wirken die Schafe, wenn sie auf gelben oder grünen Fotokarton aufgeklebt und zusammen als Gruppe gehängt werden. Sie wirken sehr schön und können auch über den Winter hinaus als Dekoration hängenbleiben.
Bei uns gab es nur das Problem, dass „Fremdkinder“ das Wollfell gerne anfassten und sich somit einige der Wollkringel langsam auflösten.

Kriterien zur Leistungsbewertung
1. Wurden die Farben im Hintergrund deckend aufgetragen?
2. Wurde das Schaf farblich richtig grundiert?
3. Wie sorgfältig wurden die „Wollkringel“ hergestellt und aufgeklebt?
4. Passen die Farbauswahl und Art der Wolle?
5. Wie ist der Gesamteindruck?

Schülerbeispiele

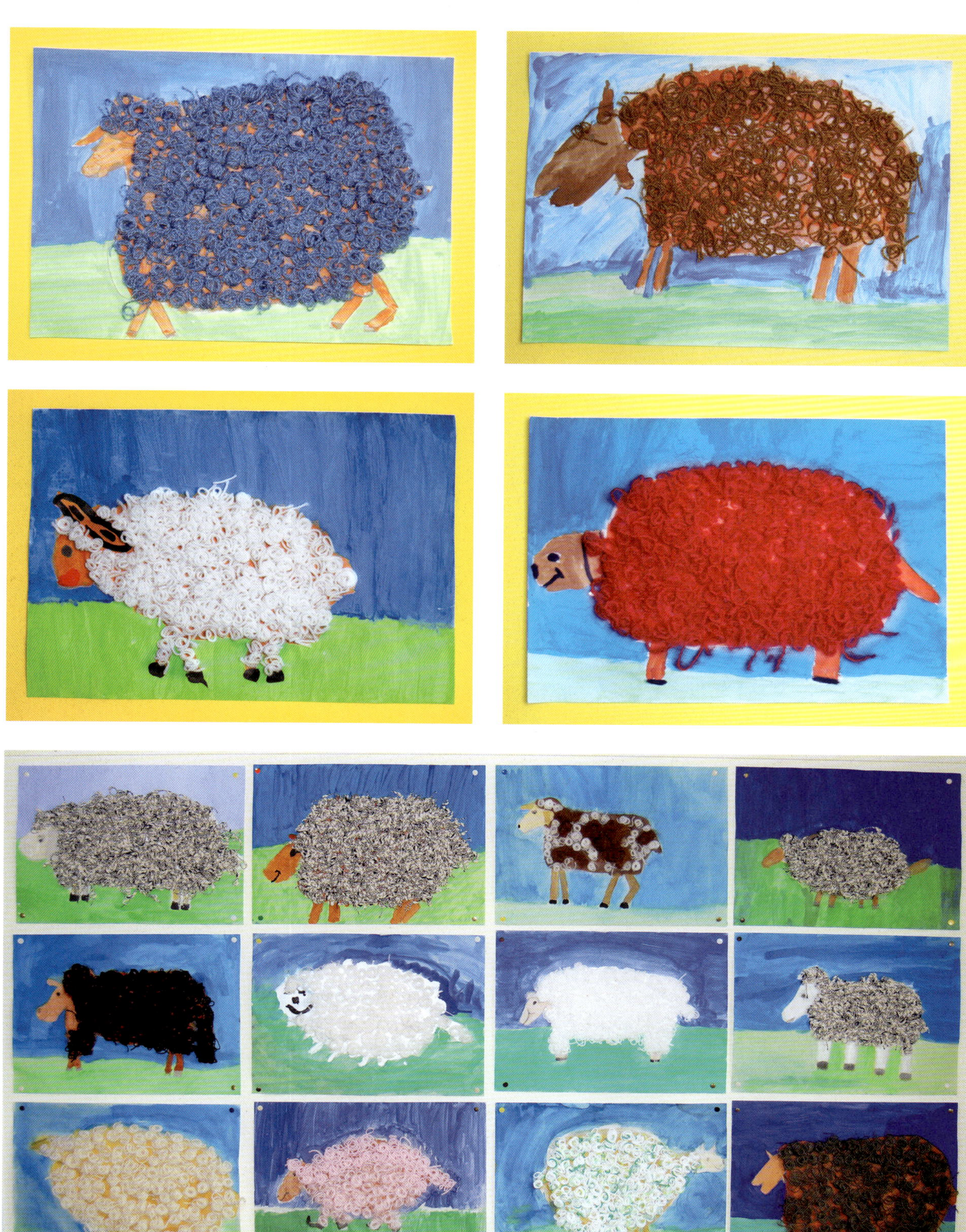

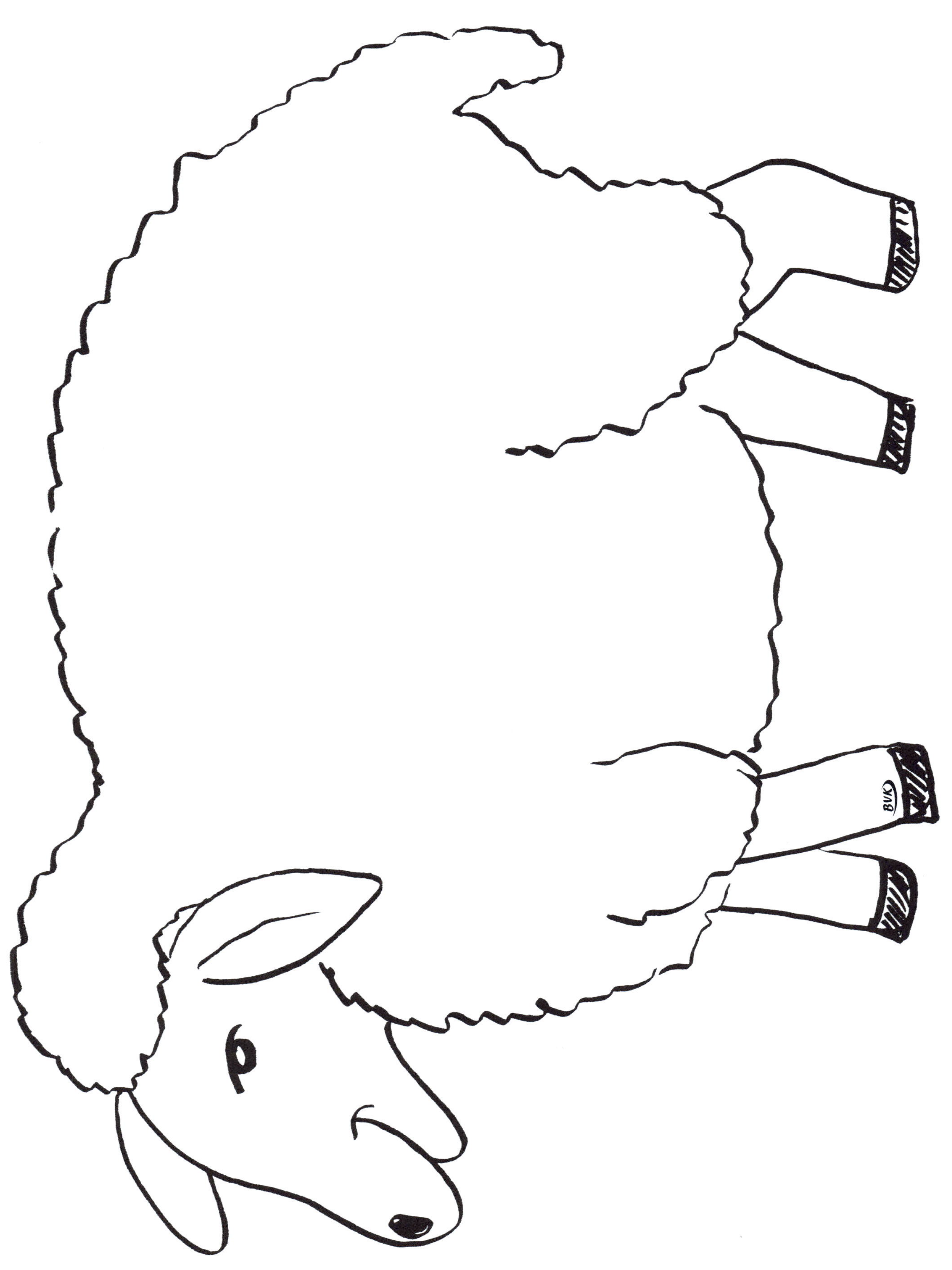

BVK PA208 • Astrid Friedrich • Malen lernen mit Kindern 3

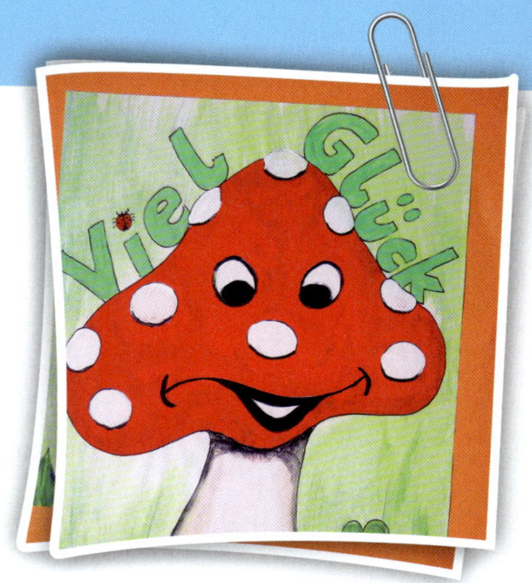

Glückspilz

Zeit
1 – 2 Unterrichtsstunden

Material
Kopiervorlage in DIN A3, Malpapier, Farbkasten, Deckweiß, Borstenpinsel, Malschwämmchen, schwarzer Marker, dünner, schwarzer Filzstift

Bereiche & Schwerpunkte
Farbiges Gestalten mit dem Schwerpunkt Erproben von Techniken, Zielgerichtet gestalten und Präsentieren

Lernziele & Kompetenzerwartungen
- Anwenden des Komplementärkontrastes Rot-Grün
- Mischen verschiedener Grüntöne
- bewusster Einsatz von Pinselstrich und Schrift
- **Gliedern von Flächen durch farbiges Gestalten**
- **Erweitern der technischen Fertigkeiten im Umgang mit Farben und Farbmaterialien**

Vorgehensweise

Vorzeichnung
Wir haben die Kopiervorlage direkt verwendet. Sie kann aber auch als Zeichenhilfe für einen eigenen Fliegenpilz dienen.

Hintergrund
Der Hintergrund wird in verschiedenen Grüntönen ausgemalt. Das Grün (aus Gelb und Blau gemischt) wirkt mit ein wenig Ocker vermischt natürlicher.
Beim Farbauftrag ist es wichtig, zuerst den Untergrund in einem hellen Grünton (mit mehr Gelbanteil) von oben nach unten (oder von unten nach oben) mit Hilfe des Malschwämmchens einzufärben. Dazu erst die Farbe mit Hilfe eines Borstenpinsels anrühren und dann mit dem Borstenpinsel auf den feuchten Malschwamm auftragen.
Anschließend wird strichweise ein etwas dunklerer Grünton mit Hilfe des Borstenpinsels von unten nach oben aufgetragen. Dabei darf die Farbe nicht zu viel Wasser enthalten. Der Pinsel wird etwa in der Mitte des Blattes nach oben weggezogen, sodass der Pinselstrich nach oben hin „ausfranst" und so der Eindruck von Grashalmen entsteht. Das untere, vorgezeichnete Gras wird in einem dunklen Grün ausgemalt, dabei verläuft der Pinselstrich auch immer von unten nach oben.

Pilz
Nachdem der Hintergrund angetrocknet ist, wird der Pilzhut deckend mit Rot ausgemalt. Ist der Pilzhut getrocknet, Pilzfuß und Punkte mit Deckweiß ausmalen. **Wichtig:** Vorher das Malwasser erneuern und die Pinsel gut auswaschen!

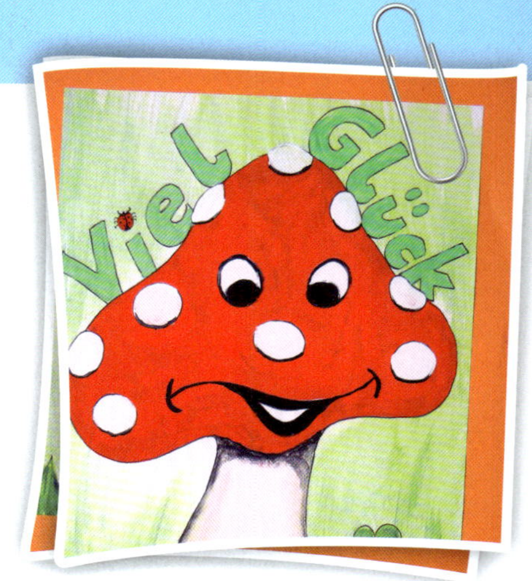

Mit etwas Ocker und Schwarz in das feuchte Weiß gemalt, wird der Pilzfuß an den Seiten leicht abgedunkelt, um eine plastische Wirkung zu erzielen.

Schrift

Die Schrift kann in einem Grün aus dem Farbkasten ausgemalt werden.
Der Marienkäfer wird mit Hilfe des Zeigefingers gedruckt.
Dazu den Zeigefinger rot anmalen und abdrucken.

Akzente setzen

Mit einem schwarzen Marker die Augen umranden und die Pupillen ausmalen. Auch die Lippen werden geschwärzt. Die Punkte erhalten immer im unteren Bereich einen Schatten. Der Marienkäfer erhält seine Beine und Punkte am besten mit einem dünnen, schwarzen Filzstift.

Präsentation

Schön wirken die Pilze, wenn sie auf orangefarbenen Fotokarton aufgeklebt werden. Gerade für den Jahresbeginn, aber auch zum Beginn eines neuen Schuljahres sind sie ein fröhliches und dekoratives Motiv, welches auch längerfristig hängenbleiben kann.

Kriterien zur Leistungsbewertung

1. Wurden die Grüntöne im Hintergrund so aufgetragen, dass sie wie „Gras“ wirken?
2. Wurde der Pilzhut gleichmäßig deckend ausgemalt?
3. Sind die Punkte wirklich weiß?
4. Wurden die Akzente sinnvoll gesetzt?
5. Wie ist der Gesamteindruck?

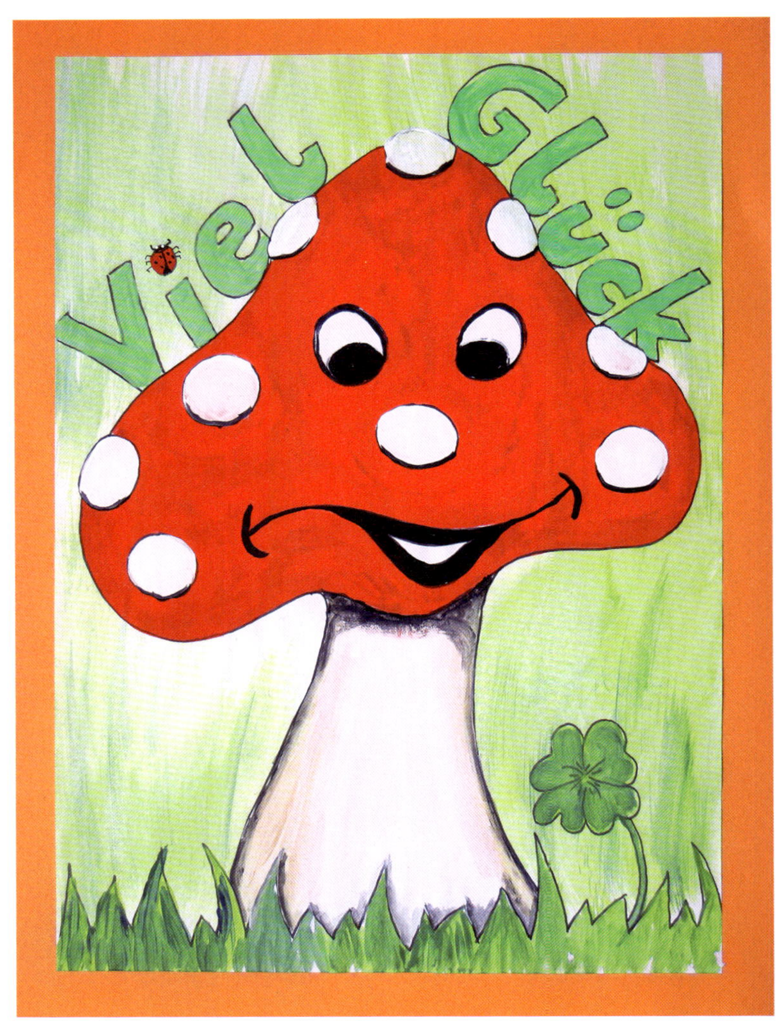

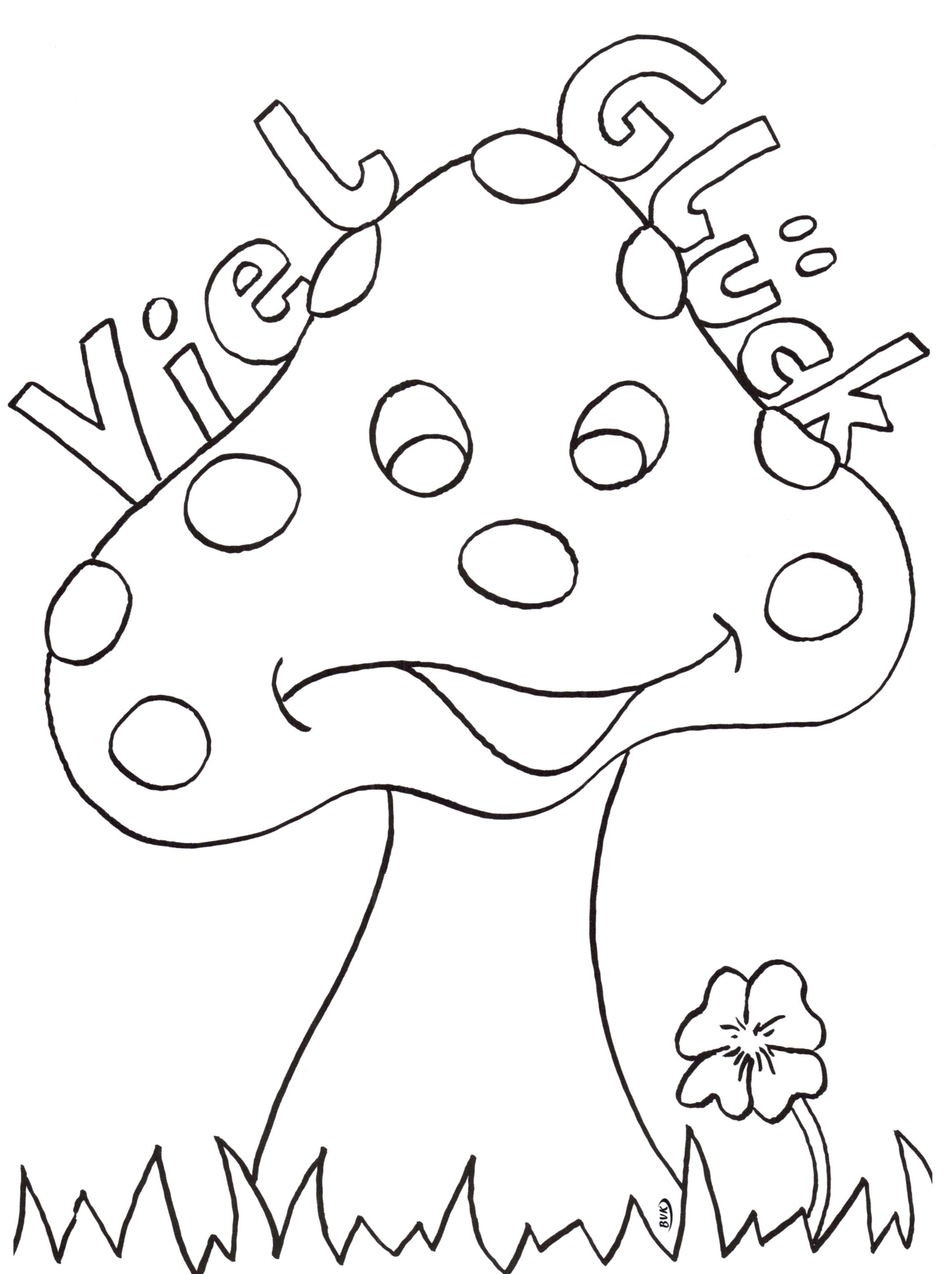
Viel Glück
BVK

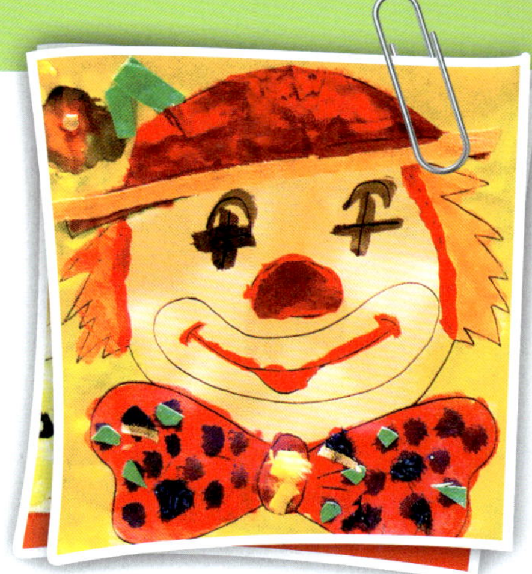

Clowngesicht (mit Stoff)

Zeit
2 Unterrichtsstunden

Material
Kopiervorlage in DIN A3, Malpapier, Farbkasten, Borstenpinsel, Malschwämmchen, Schere (am besten eignet sich eine gut schneidende Stoffschere), Klebestift, verschiedene Stoffreste

Bereiche & Schwerpunkte
Farbiges Gestalten und Textiles Gestalten mit den Schwerpunkten Erproben von Materialien und Techniken, Zielgerichtet gestalten und Präsentieren

Lernziele & Kompetenzerwartungen
- Kennenlernen verschiedener Stoffarten und deren Eigenschaften
- **Gliedern von Flächen durch farbiges Gestalten**
- **Erweitern der technischen Fertigkeiten im Umgang mit Farben und Farbmaterialien**
- **textile Eigenschaften wahrnehmen und Textilien unterscheiden**
- **Einsatz von farbigem Material zum Collagieren (hier mit Stoff)**

Vorgehensweise

Tipp
Wichtig ist, dass verschiedene Stoffreste – wie Webfellreste, Tüll, glänzende Stoffe, Samt, (Kunst-)Seide, Wollstoffe und farbige Baumwollstoffe – vorhanden sind. Oft besitzt die Schule selbst einen Fundus, Sie können aber auch Eltern ansprechen. Auch „Altkleider" lassen sich zerschneiden.

Vorzeichnung
Die Kopiervorlage kann den Kindern als Zeichenhilfe dienen oder, wie ich es mit meinem 1. Schuljahr gemacht habe, auch direkt bearbeitet werden. Ich habe die kopierten Clowngesichter so zurechtgeschnitten, dass wir ein quadratisches Format erhielten. Zeichnen die Kinder selbst ihr Clowngesicht, ist es hilfreich, ihnen das Malblatt schon als Quadrat zu geben.

Hintergrund
Der Hintergrund wird mit Hilfe eines Malschwämmchens getupft. Dazu die Farbe mit dem Borstenpinsel gut anrühren und die Farbe mit dem Borstenpinsel auf den feuchten Malschwamm auftragen lassen. Die Farbwahl bleibt den Kindern überlassen.

Clowngesicht
Das Clowngesicht und der Hut werden zunächst mit Wasserfarben und dem Borstenpinsel deckend angemalt. Auch hier gilt freie Farbwahl – Hauptsache bunt.

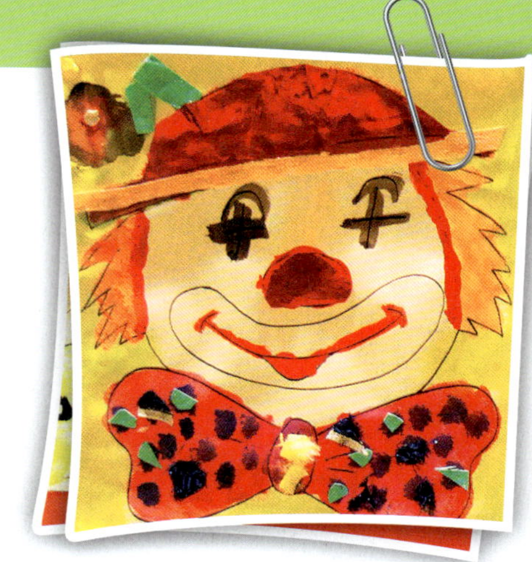

Aufkleben der Stoffe

Bevor die Kinder die Stoffe aufkleben können, muss das Bild gut durchgetrocknet sein. Also am besten erst einen Tag später aufkleben lassen. Kinder, die früh mit dem Malen fertig sind, können schon einmal die Stoffauswahl betrachten, befühlen und erste Ausschneidearbeiten erledigen.
Aus den Stoffen werden diverse dekorative Elemente für das Clowngesicht ausgeschnitten. Das können Punkte und Karos sein, aber auch zum Beispiel der ganze Hut oder die Haare. Lassen Sie den Kindern freie Wahl.
Sie werden erleben, wie viele Ideen sie entwickeln und mit welcher Begeisterung die Stoffe befühlt und begutachtet werden.

Präsentation

Die Clowngesichter sind eine tolle, farbenfrohe Deko für die Karnevalszeit.

Kriterien zur Leistungsbewertung

1. Wurde die Farbe im Hintergrund aufgetupft?
2. Wurde das Gesicht deckend ausgemalt?
3. Wie ideenreich wurden Akzente aus Stoff gewählt und aufgeklebt?
4. Wie ist der Gesamteindruck?

Schülerbeispiele

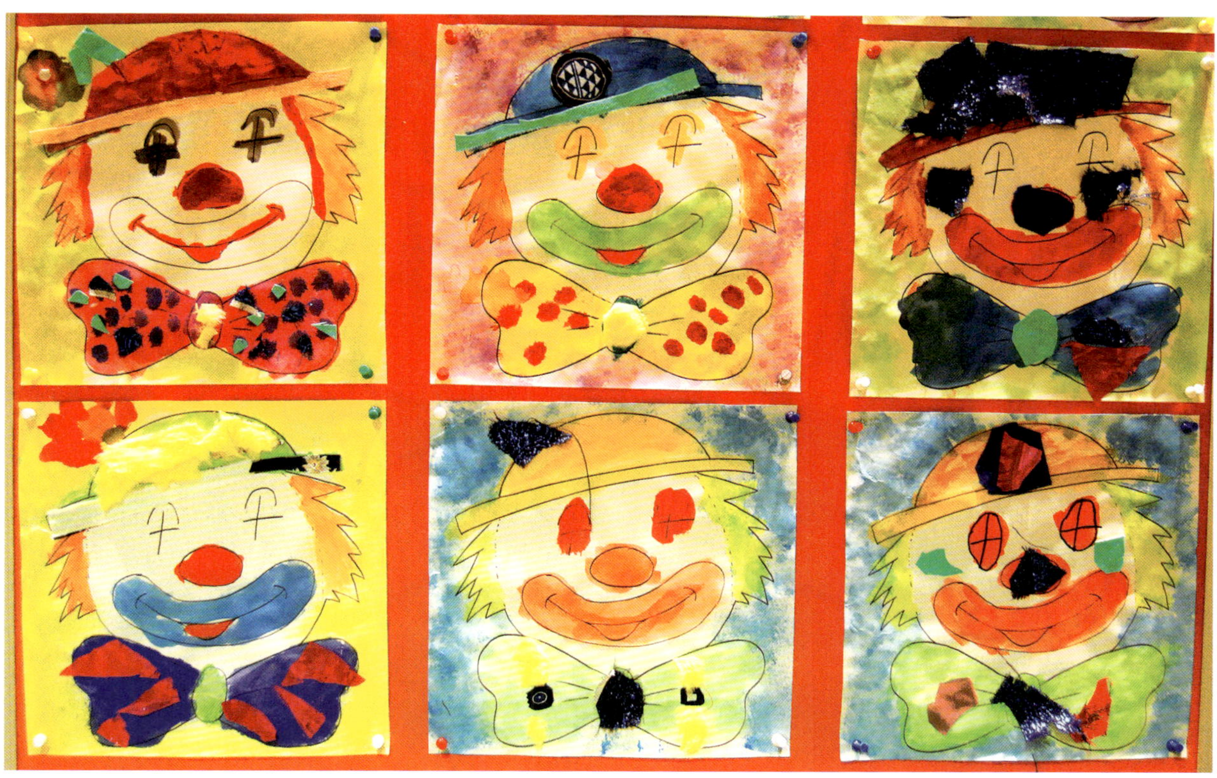

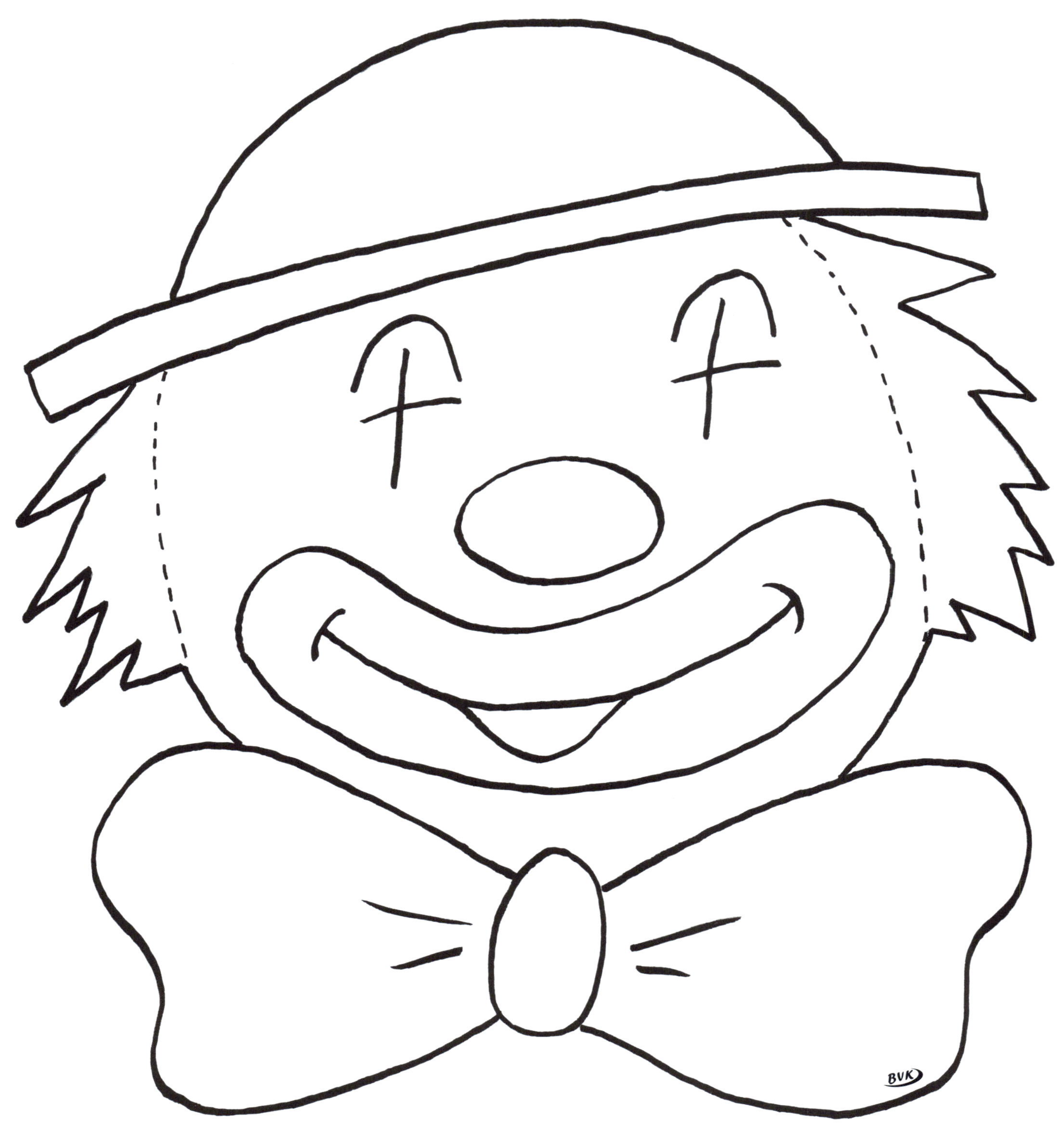
BVK

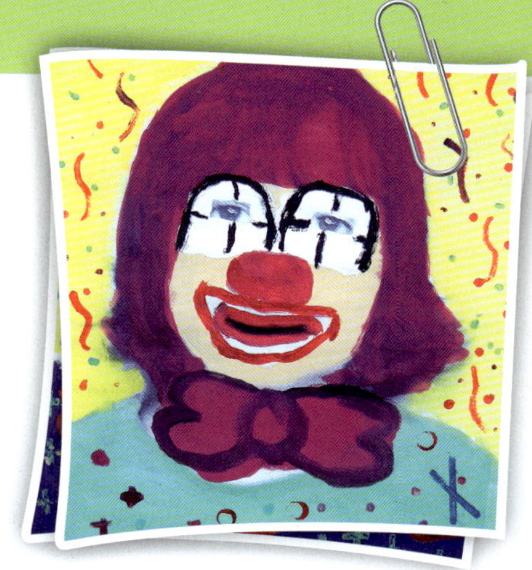

Ich als Clown mit roter Nase

Zeit

2–3 Unterrichtsstunden

Material

Porträtfoto von jedem Kind auf DIN-A3-Malpapier kopiert, Farbkasten, Borstenpinsel, Deckweiß, Wattestäbchen und Holzstäbchen, Korken, Deckel und Verschlüsse in kleinen Größen, Pappkanten oder Holzstücke

Bereiche & Schwerpunkte

Gestalten mit technisch-visuellen Medien und Farbiges Gestalten mit den Schwerpunkten Erproben von Materialien und Techniken, Zielgerichtet gestalten und Präsentieren

Lernziele & Kompetenzerwartungen

- lasierender und deckender Farbauftrag mit dem Pinsel
- Nutzen der Fotografie als „Vorzeichnung"
- Einsatz der „roten Nase" als Gestaltungselement
- Erfinden von Mustern mit Hilfe von Stempeltechniken
- **andere fotografieren**
- **Fotografien und Bilder in Kopierprozessen verändern und sie umgestalten**
- **Gliedern von Flächen durch farbiges Gestalten**
- **Erproben einfacher Hochdruckverfahren und Abklatschverfahren**

Vorgehensweise

Vorbereitung

Von jedem Kind muss ein Porträtfoto angefertigt werden. Dabei ist es wichtig, einen möglichst ruhigen Hintergrund zu wählen. Dies kann zum Beispiel eine Klassenzimmertür oder eine einfarbige Wand sein.
Entweder fotografieren Sie jedes Kind einzeln (das ist die schnellere Variante) oder die Kinder fotografieren sich in kleinen Teams von ca. vier Kindern gegenseitig.
Fotografieren sich die Kinder gegenseitig, muss der **Begriff „Porträt"** vorher geklärt werden. Von jedem Kind sollten etwa 3–5 Fotos gemacht werden, aus denen sich jedes Kind „sein schönstes Foto" aussuchen darf.

Die Porträtfotos drucken Sie auf DIN A4 in Schwarz-Weiß aus und kopieren diese auf DIN A3 vergrößert direkt auf das Malpapier. Die ausgedruckten Fotos haben wir für das Gestaltungsthema „Blumenkinder" (s. Tipp Seite 63) verwertet, also aufheben.

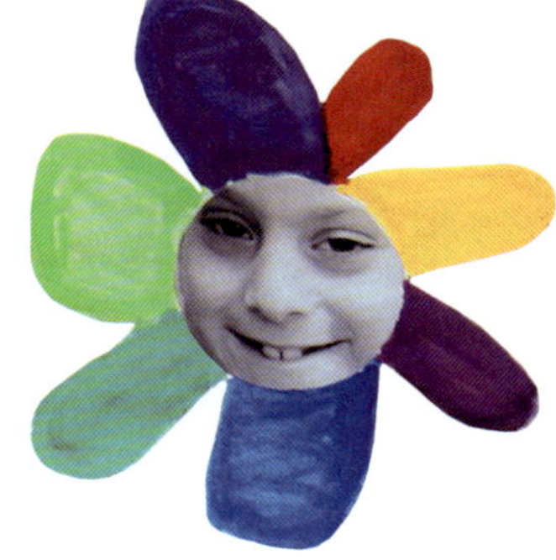

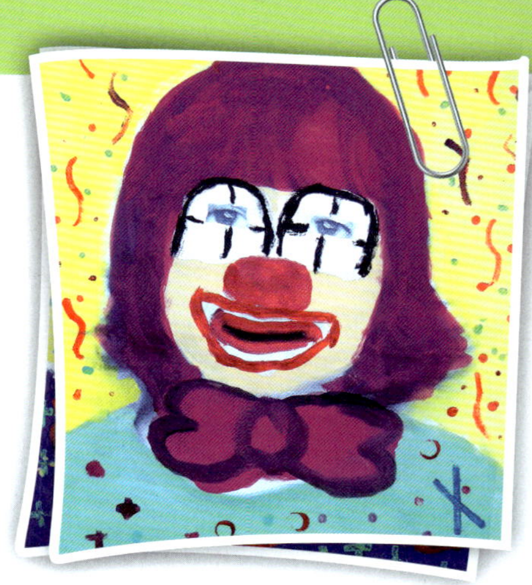

Hintergrund

Der Hintergrund wird deckend in einer Farbe gestaltet.

Gesicht und Haare

Beim Bemalen des Gesichtes werden die Farben möglichst lasierend aufgetragen. Die Farbwahl bleibt den Kindern überlassen, schließlich ist Karneval.
Die einzige Vorgabe ist, dass die Nase eine rote, runde Nase werden soll.

Achtung

Damit das Porträt auch „lebendig" bleibt, ist es absolut wichtig, dass **die Augen nicht bemalt** werden!

Drucken / Stempeln

Nun geht es ans Verzieren. Der Hintergrund und auch die Kleidung sollen bunte Akzente erhalten. Dazu gibt es verschiedene Möglichkeiten.

Wattestäbchen, Korken und Holzstäbchen

Mit den Wattestäbchen können bunte, runde Tupfen erzeugt werden.
Dazu mit einem Borstenpinsel eine Farbe gut anrühren und mit dem Wattestäbchen aufnehmen und abtupfen. Wird eine neue Farbe gewählt, auch ein neues Wattestäbchen benutzen. Korken und Holzstäbchen sollten mit dem Borstenpinsel eingefärbt werden. In der Regel kann mehrmals gedruckt werden, bevor wieder neu eingefärbt werden muss.

Verschlüsse

Verschlüsse aller Art (z. B. Flaschenverschlüsse) sind hervorragend dazu geeignet, „Kringel" zu drucken.
Auch hier wird die Farbe zuerst mit dem Borstenpinsel gut angerührt, dann mit dem Borstenpinsel auf den Rand des Verschlusses aufgetragen und abgedruckt.

Pappkanten oder Holzstücke

Mit Pappkanten oder Holzstücken (z. B. Keilen von Keilrahmen) lassen sich prima Kreuze drucken. Dabei wie bei den Korken vorgehen.

Tipp

Deponieren Sie ihre „Druckmaterialien" an einem für alle gut zugänglichen Ort und lassen Sie die Kinder frei experimentieren. Sie werden merken, wie ideenreich die Kinder sind.

Präsentation

Diese Bilder haben Kinder und Eltern so begeistert, dass alle Klassen solche Bilder gestalten wollten.
Zugegeben, die Vorarbeit ist etwas zeitaufwändig, aber die Kinder sind super stolz auf „ihr" Porträt.

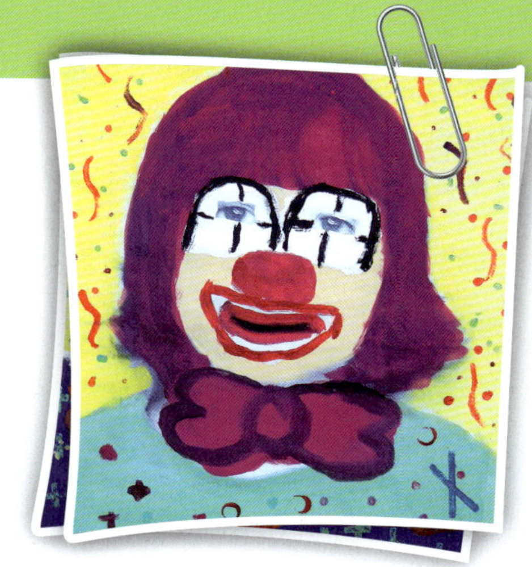

Kriterien zur Leistungsbewertung

1. Wurde der Hintergrund einfarbig angelegt und karnevalistisch gestaltet?
2. Wurde das Gesicht bunt gestaltet?
3. Wurden die Augen freigelassen?
4. Wie ideenreich wurde die Kleidung gestaltet?
5. Wie ist der Gesamteindruck?

Wurden die Fotos von den Kindern gemacht, kann auch die Zusammenarbeit im Team bewertet werden.

Schülerbeispiele

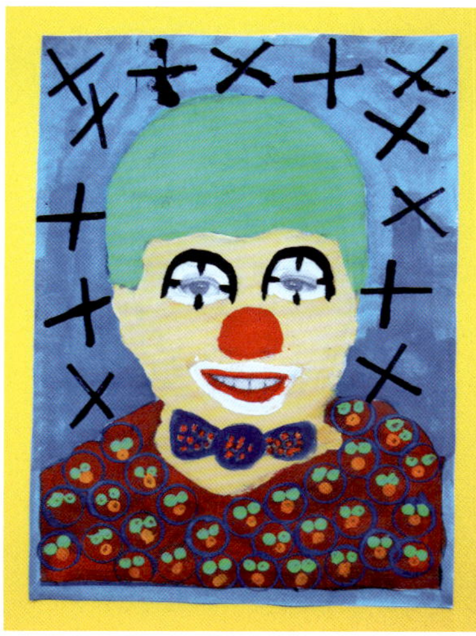

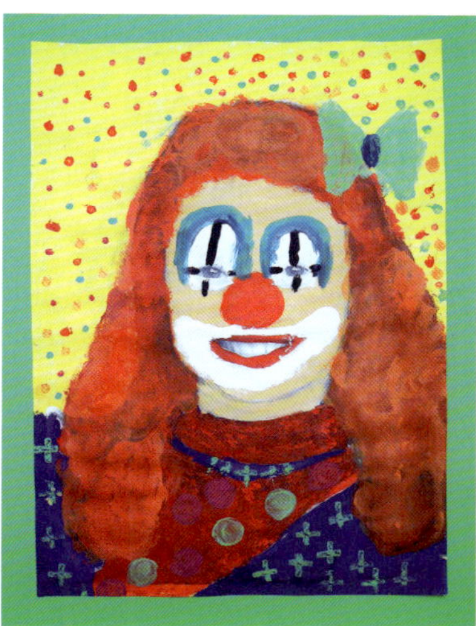

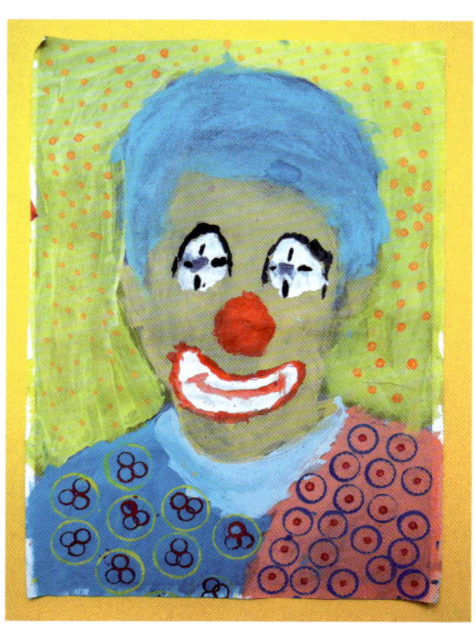

Tipp „Blumenkinder“

Die übriggebliebenen Schwarz-Weiß-Fotos waren uns zum Wegwerfen zu schade.
Auf einem quadratischen Malpapier (DIN A3) zeichnen die Kinder zuerst in der Mitte den „Blütenkreis“ mit Hilfe einer Schablone, zum Beispiel einem runden Bierdeckel. Nun werden rundherum Blütenblätter gezeichnet. Dabei darauf achten, dass die gesamte Bildfläche ausgenutzt wird. Die Blütenblätter bunt ausmalen lassen.
Mit Hilfe der Schablone (Bierdeckel) wird nun auf dem Foto ein Kreis aufgezeichnet, der das Gesicht abdeckt. Dieser wird ausgeschnitten und auf die gut getrocknete Blüte aufgeklebt, die ebenfalls ausgeschnitten wird. Fertig!

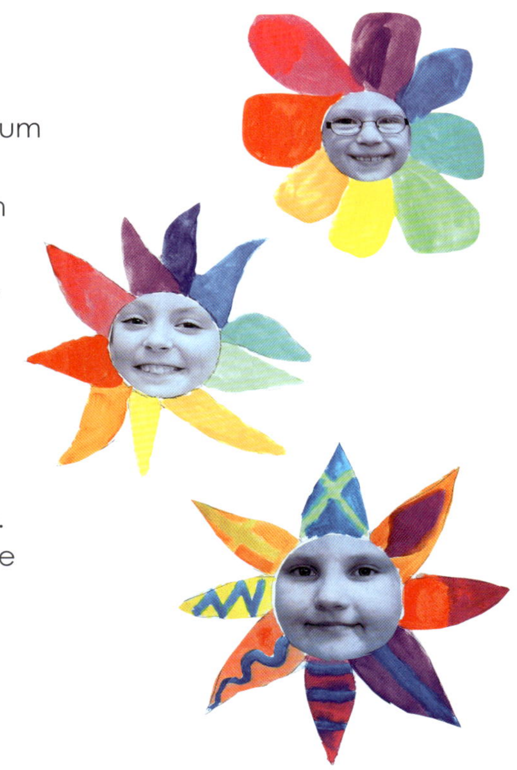

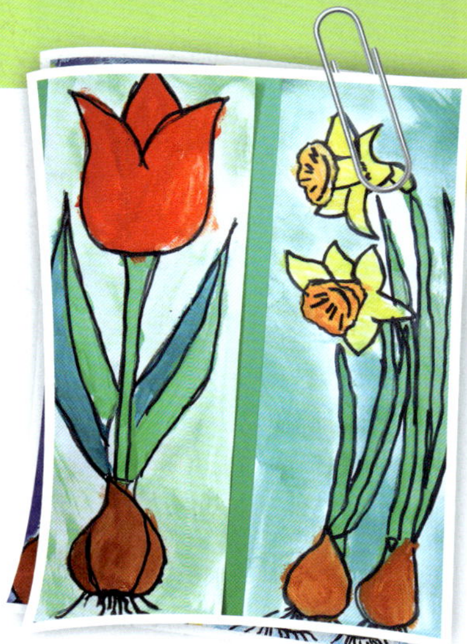

Tulpen & Narzissen

Zeit
1 – 2 Unterrichtsstunden

Material
Kopiervorlage in DIN A3, Malpapier, Farbkasten, Borstenpinsel, Malschwämmchen, schwarzer Marker

Bereiche & Schwerpunkte
Farbiges Gestalten und Grafisches Gestalten mit den Schwerpunkten Erproben von Materialien und Techniken, Zielgerichtet gestalten und Präsentieren

Lernziele & Kompetenzerwartungen
– bewusster Farbauftrag mit Schwamm und Pinsel
– Erproben eines ungewöhnlichen Formates
– Erproben und Verarbeiten verschiedener Farben und Farbmaterialien mit unterschiedlichen Werkzeugen
– aus Farben neue Farbtöne mischen

Vorgehensweise

Vorbereitung
Diese Gestaltungsaufgabe bietet sich besonders dann an, wenn im Sachunterricht die Frühblüher behandelt werden.
Wirkungsvoll ist das ungewöhnliche Format. Hierzu wird ein Malpapier in DIN A3 der Länge nach halbiert.
Benutzen Sie die Kopiervorlage, so teilen Sie diese in zwei Hälften: die Tulpe und die Narzisse.

Vorzeichnung
Natürlich können die Kinder die Frühblüher auch selbst zeichnen. Bieten Sie dann die Kopiervorlage – an die Tafel gehängt – als Zeichenhilfe für die Kinder an.

Hintergrund
Als Hintergrundfarbe haben wir uns auf Hellblau oder Hellgrün verständigt. Für manche Kinder war Blau die Verbindung zum Himmel, für andere das Grün die Verbindung zur Wiese.
Die Hintergrundfarbe wird mit Hilfe eines Malschwämmchens aufgetragen. Dabei mit dem Schwamm über die lange Seite von oben nach unten wischen. Die Farbe vorher mit dem Borstenpinsel gut anrühren und mit dem Borstenpinsel auf den Malschwamm auftragen lassen.

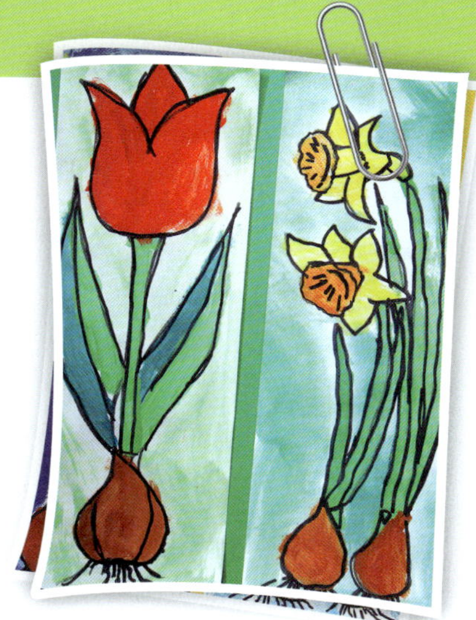

Tulpen & Narzissen

Die Blumen werden mit dem Borstenpinsel gemalt. Dabei auf gleichmäßigen (plakativen) Farbauftrag achten. Die Wahl der Farbe soll der Natur entsprechen.

Fertigstellung

Ist der Frühblüher gut durchgetrocknet, werden die Konturen und Details mit einem schwarzen Marker nachgezogen. Natürlich können die Bilder auch noch mit den Fachbegriffen beschriftet werden.

Präsentation

Wirkungsvoll ist es, wenn immer mehrere der Bilder nebeneinander mit kleinem Abstand auf farbiges Tonpapier geklebt werden.

Kriterien zur Leistungsbewertung

1. Bei eigener Vorzeichnung: Sind alle wichtigen Details des Frühblühers gezeichnet?
2. Wie gelang der Hintergrund (Farbauftrag / Farbwahl)?
3. Ist der Farbauftrag gleichmäßig und entspricht er der Wirklichkeit?
4. Wurden die Konturen sorgfältig gezeichnet?
5. Wie ist der Gesamteindruck?

Schülerbeispiele

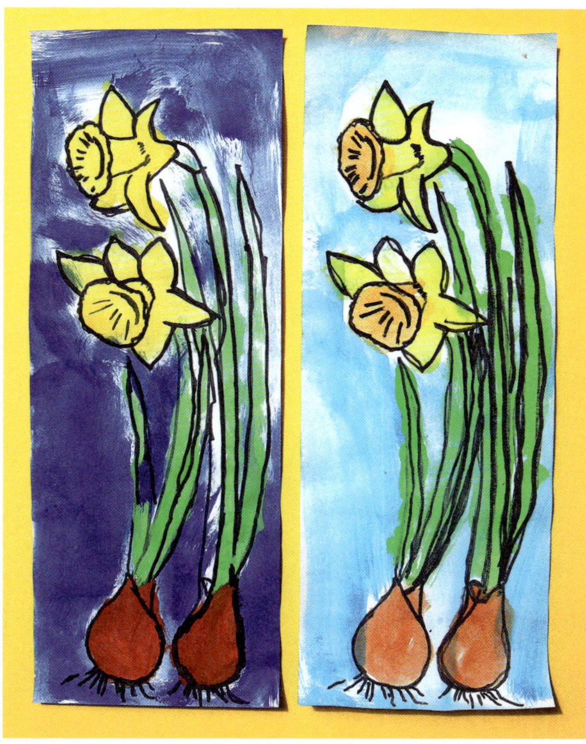

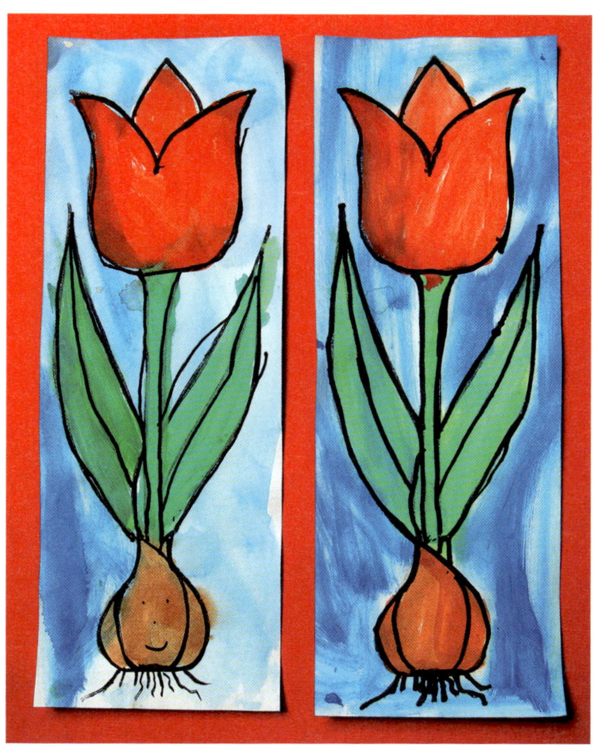

Kopiervorlage Tulpe & Narzissen

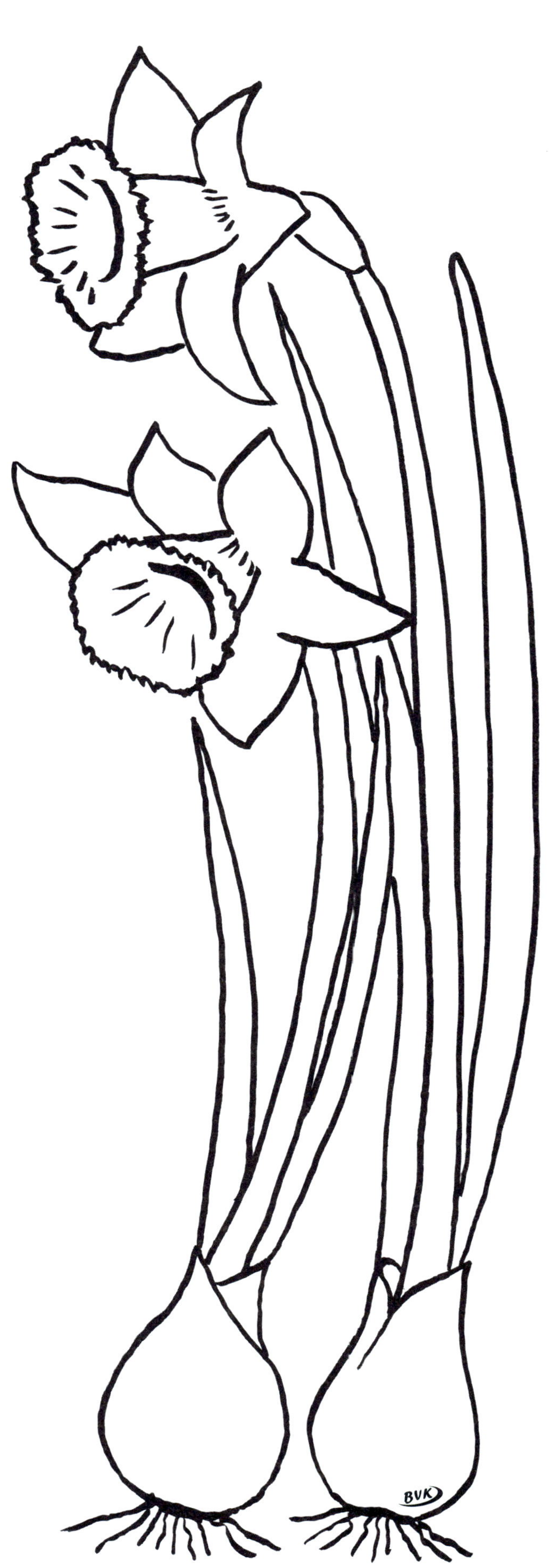

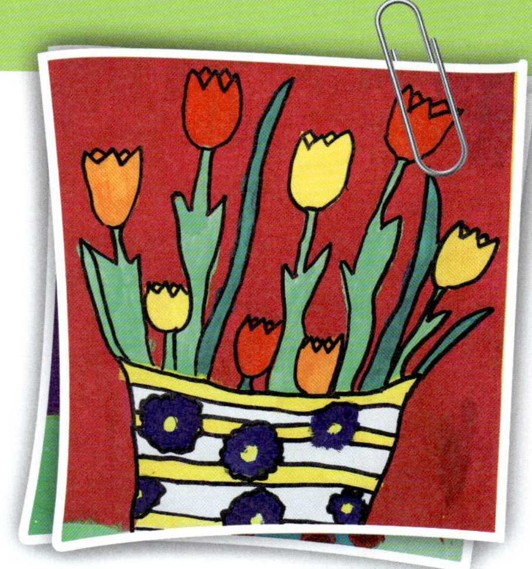

Tulpen in der Vase

Zeit

2–3 Unterrichtsstunden

Material

Kopiervorlage in DIN A3, Malpapier, Farbkasten, Borstenpinsel, Malschwämmchen, schwarzer Marker oder farbige Wachsmalkreiden

Bereiche & Schwerpunkte

Farbiges Gestalten und Grafisches Gestalten mit den Schwerpunkten Erproben von Materialien und Techniken, Zielgerichtet gestalten und Präsentieren

Lernziele & **Kompetenzerwartungen**

- bewusster Farbauftrag mit Schwamm und Pinsel
- **Erproben und Verarbeiten verschiedener Farben und Farbmaterialien mit unterschiedlichen Werkzeugen**
- **Gliedern von Flächen durch farbiges Gestalten**
- **Gezielter Einsatz von grafischen Mitteln bei der Gestaltung von Flächen, Oberflächen und Bildern**

Vorgehensweise

Vorzeichnung

Die Kopiervorlage soll den Kindern als Kompositions- und Zeichenhilfe der eigenen Zeichnung dienen.
Bei der Vorzeichnung wird zuerst der Hintergrund in Tisch und Wand eingeteilt. Die Vase / das Gefäß wird so aufgezeichnet, dass beide Teile des Hintergrundes wieder miteinander verbunden werden.
Beim Zeichnen der Tulpen werden viele Kinder Überschneidungen vermeiden wollen. Ermutigen Sie aber gute Zeichner dazu, auch im vorderen Bereich Tulpen „über" die schon vorhandenen zu zeichnen.

Hintergrund

Für den Hintergrund wählen die Kinder zwei verschiedene Farben aus. Der Farbauftrag erfolgt mit Hilfe eines Malschwämmchens. Dazu wird die Farbe mit dem Borstenpinsel gut angerührt und mit dem Borstenpinsel auf den Malschwamm aufgetragen. Die Wandfarbe wird mit dem Malschwamm von oben nach unten (oder von unten nach oben) aufgetragen. Beim Tisch wird die Farbe von links nach rechts (oder rechts nach links) aufgetragen.
Einige Kinder wollten den Hintergrund lieber deckend mit dem Pinsel malen. Hier gilt dann für den Pinselstrich die gleiche Regel.

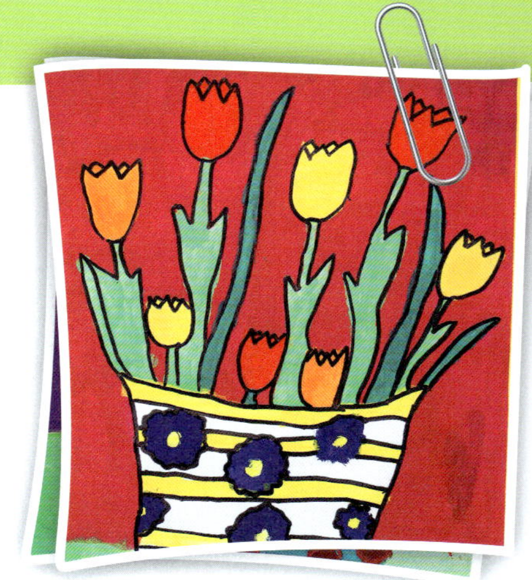

Vase / Gefäß

Anschließend wird mit dem Borstenpinsel die Farbe des Gefäßes deckend aufgetragen. Dabei soll der Pinsel möglichst der Form folgen.

Tulpen

Zuerst werden nun alle Blätter und Stängel gemalt, danach die Blüten der Tulpen. **Achtung:** Vorher das Malwasser wechseln lassen!

Grafische Akzente setzen

Für die Akzente hatten die Kinder die Wahl zwischen schwarzem Marker für kontrastreiche Akzente oder farbigen Wachsmalkreiden für weiche Akzente.
Bei beiden Möglichkeiten werden die Konturen nachgezogen und eventuelle Details eingezeichnet.

Präsentation

Auf gelben oder roten Fotokarton aufgeklebt, ergeben diese Bilder einen dekorativen Raumschmuck, der auch über längere Zeit hängenbleiben kann.

Kriterien zur Leistungsbewertung

1. Ist die Komposition ausgewogen (z. B. Blüten nicht zu klein)?
2. Wie gelang der Hintergrund (Farbauftrag / Farbwahl)?
3. Ist der Farbauftrag bei Vase und Blumen gleichmäßig und entspricht er der Wirklichkeit?
4. Wurden die Akzente sorgfältig gesetzt?
5. Wie ist der Gesamteindruck?

Schülerbeispiele

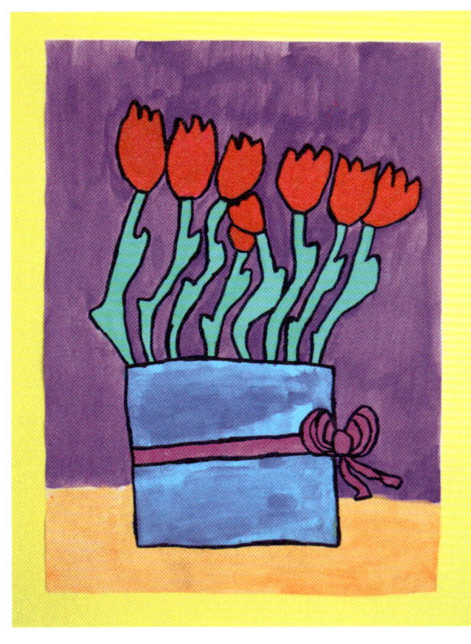

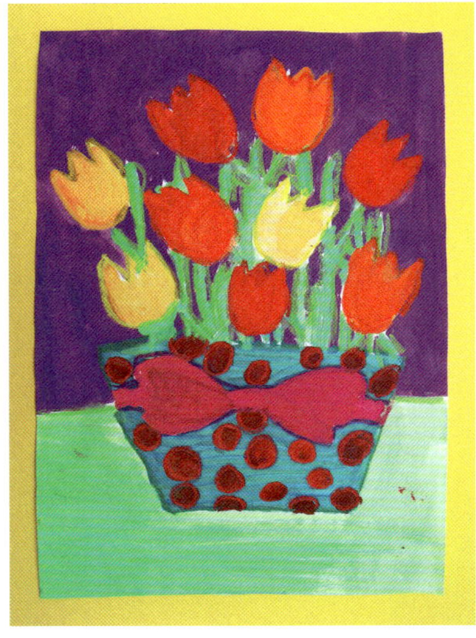

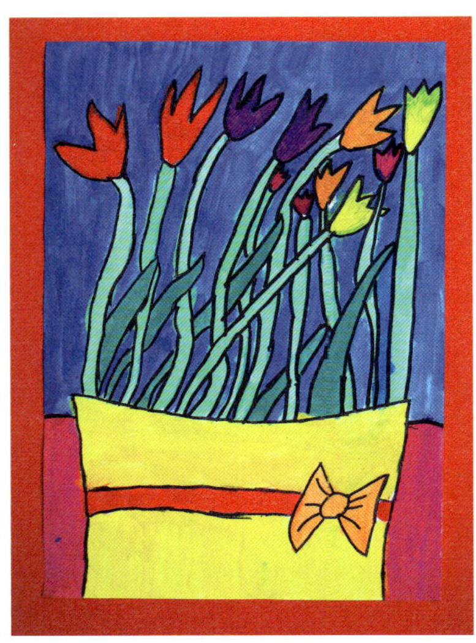

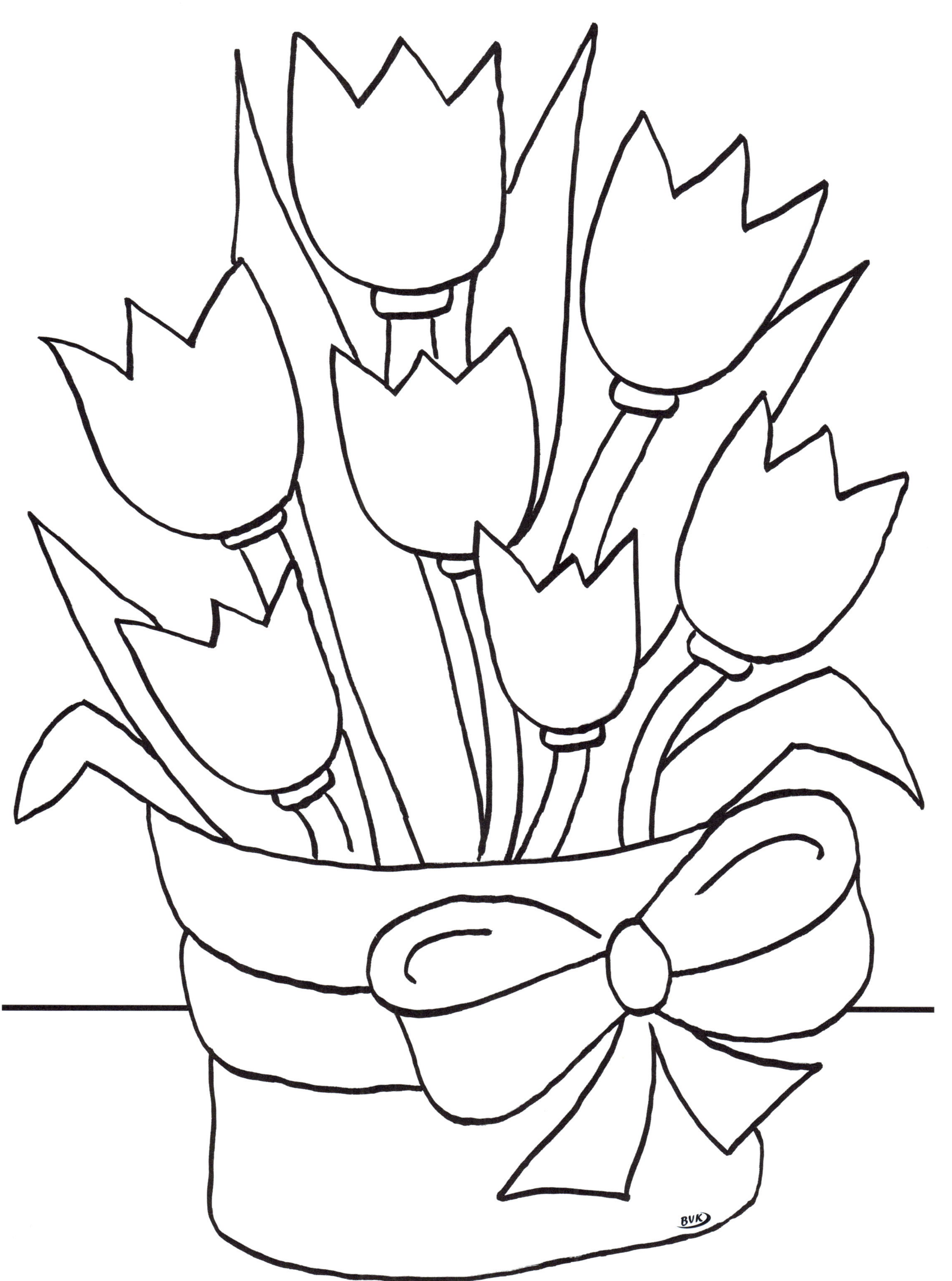
BVK

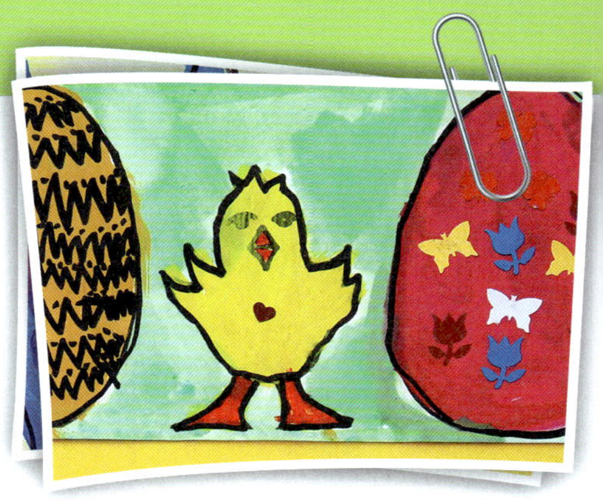

Osterhase & Küken mit Eiern

Zeit
1 – 2 Unterrichtsstunden (pro Bild)

Material
Kopiervorlage in DIN A3, Malpapier, Farbkasten, Deckweiß, Borstenpinsel, Malschwämmchen, für Küken eventuell auch einen Klebestift, Stanzer, Filzstifte, Buntstifte oder Glitzerstifte, schwarzer Marker

Bereiche & Schwerpunkte
Farbiges Gestalten und Grafisches Gestalten mit den Schwerpunkten Erproben von Materialien und Techniken, Zielgerichtet gestalten und Präsentieren

Lernziele & Kompetenzerwartungen
- bewusster Farbauftrag mit Schwamm und Pinsel
- Erproben eines ungewöhnlichen Formates
- **Erproben und Verarbeiten verschiedener Farben und Farbmaterialien mit unterschiedlichen Werkzeugen**
- **aus Farben neue Farbtöne mischen**
- **grafische Bildzeichen schmückend nutzen (Küken mit Eiern)**

Vorgehensweise

Vorbereitung
Da beide Gestaltungsaufgaben recht flott zu bearbeiten sind, haben wir diese gleichzeitig bearbeitet. Jeweils in der Trockenphase des einen Bildes wurde das andere vorbereitet.
Beide Bilder wirken insbesondere durch das ungewöhnliche Format. Hierzu wird die auf DIN A3 kopierte Kopiervorlage der Länge nach halbiert.

Vorzeichnung
Ich habe diese Bilder im 1. Schuljahr bearbeitet und die Kopiervorlage genutzt. In Klasse 3 oder 4 würde ich die Kinder die Zeichnungen selbst erstellen lassen und die Kopiervorlage als Zeichenhilfe anbieten. Beim Hasen sollen die Kinder darauf achten, dass die „Löffel" besonders lang gezeichnet werden.

Hintergrund
Die Hintergrundfarbe sollte bei beiden Bildern hell sein (Gelb, Ocker oder Hellblau, Hellgrün), beim Küken bevorzugten die Kinder Hellgrün.
Die Farbe wird mit Hilfe eines Malschwämmchens aufgetragen. Dabei mit dem Schwamm über die lange Seite von oben nach unten wischen.

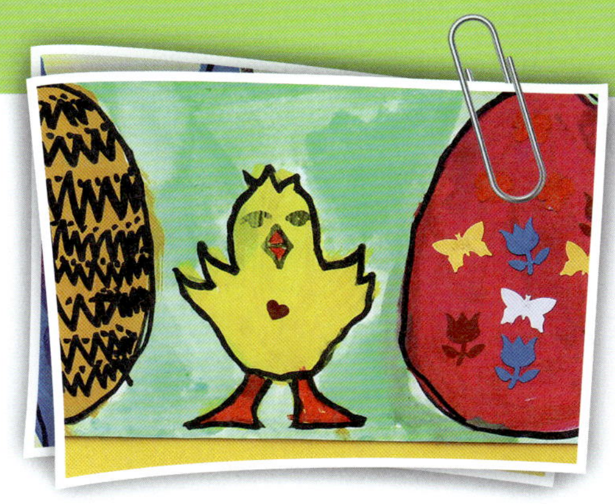

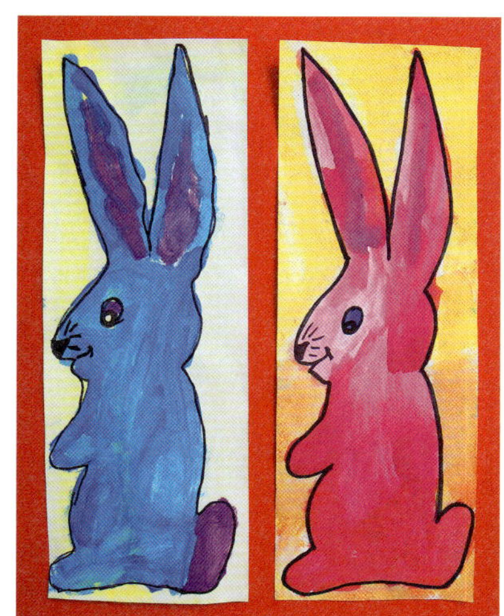

Osterhase

Der Osterhase wird mit dem Borstenpinsel gemalt. Dabei auf gleichmäßigen (plakativen) Farbauftrag achten. Auch hier kann die Farbe frei gewählt werden. Das Innere der „Löffel" und der Schwanz sollten einen Ton dunkler oder heller abgesetzt werden. Ist der Osterhase gut durchgetrocknet, werden die Konturen mit einem schwarzen Marker nachgezogen. Das Auge kann mit einem Tupfer Deckweiß aufgepeppt werden.

Schülerbeispiele

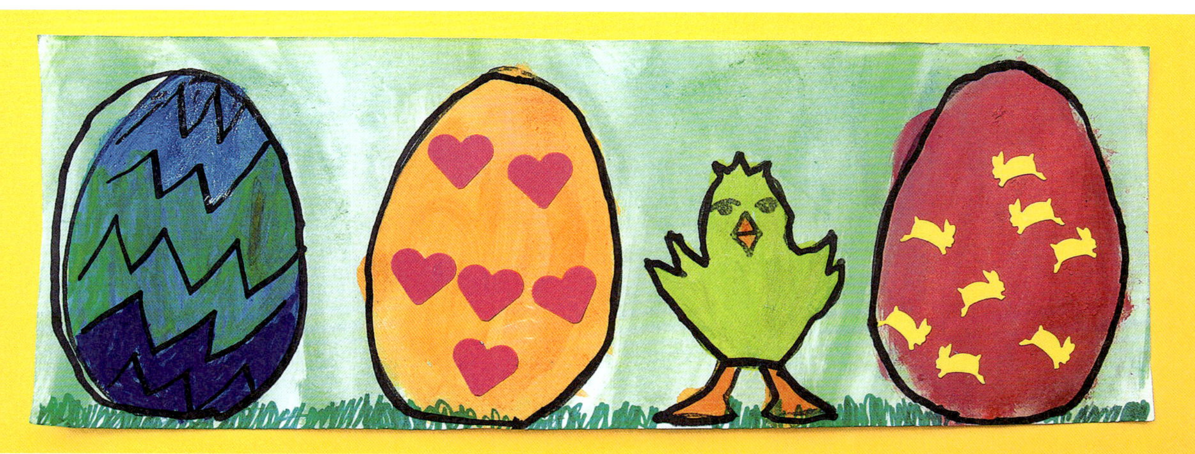

Küken mit Eiern

Die Eier werden einfarbig plakativ (deckend) mit dem Borstenpinsel ausgemalt.
Die Farbe kann frei gewählt werden. Das Küken wird gelb ausgemalt.
Schnabel und Füße sollten erst nach dem Trocknen mit Filz- oder Buntstift orange oder rot ausgemalt werden.
Sind die Eier gut durchgetrocknet, geht es an das Schmücken der Eier. Ob durch Aufkleben ausgestanzter Formen oder mit Filz-, Bunt- oder Glitzerstiften aufgezeichnete Muster – lassen Sie hier der Fantasie Ihrer Kinder freien Lauf.
Zum Schluss werden die Konturen mit einem schwarzen Marker nachgezogen.

Präsentation

Wirkungsvoll ist es, wenn mehrere Hasen oder Küken nebeneinander mit kleinem Abstand auf farbiges Tonpapier geklebt werden.

Kriterien zur Leistungsbewertung

1. Bei eigener Vorzeichnung die Zeichnung mit beurteilen!
2. Wie gelang der Hintergrund (Farbauftrag / Farbwahl)?
3. Ist der Farbauftrag bei den Motiven gleichmäßig?
4. Wurden die Konturen sorgfältig gezeichnet?
5. Wie ist der Gesamteindruck?

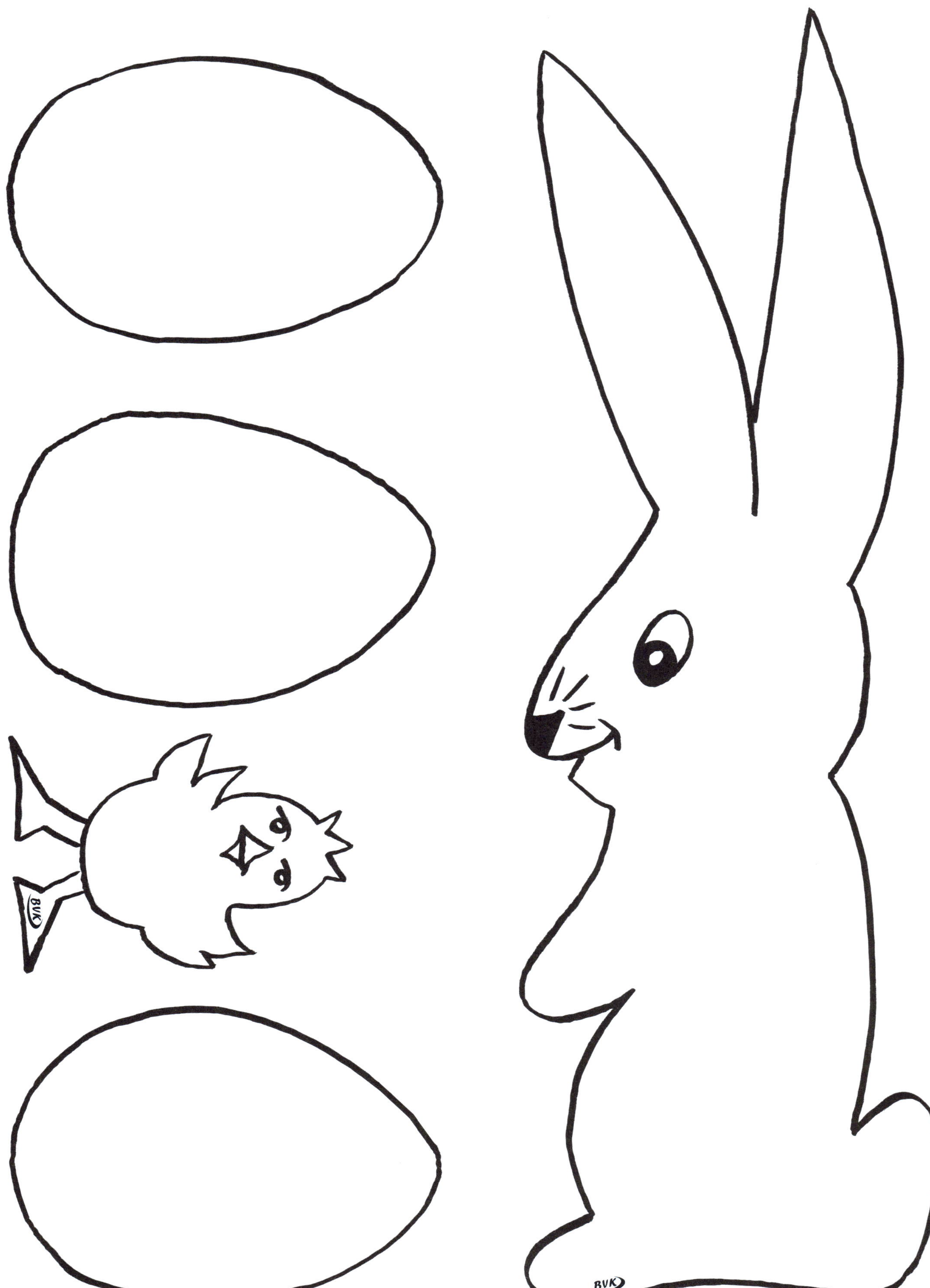
BVK
BVK

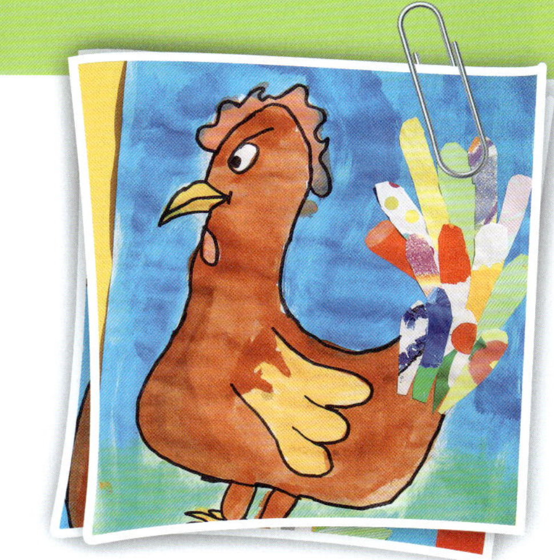

Stolzer Hahn

Zeit
2–3 Unterrichtsstunden

Material
Kopiervorlage in DIN A3, Malpapier, Bleistift, Farbkasten, Borstenpinsel, Malschwämmchen, schwarzer Marker, Schere, Klebestift, diverse (Geschenk-)Papiere in bunten Farben, farbige Abbildungen aus Zeitschriften und Werbeprospekten

Bereiche & Schwerpunkte
Farbiges Gestalten und Grafisches Gestalten mit den Schwerpunkten Erproben von Materialien und Techniken, Zielgerichtet gestalten und Präsentieren

Lernziele & Kompetenzerwartungen
- lasierender und deckender Farbauftrag mit dem Pinsel
- Nutzen der Kontur als Gestaltungsmöglichkeit
- Nutzen der Collage zur reliefhaften Gestaltung
- **Erweitern der technischen Fähigkeiten im Umgang mit Farben und unterschiedlichen Werkzeugen**
- **Gliedern von Flächen durch farbiges Gestalten**
- **Einsetzen farbiger Materialien zum Collagieren, Ausgestalten und Akzentuieren**

Vorgehensweise

Vorbereitung
Zur Ausgestaltung des Hahnenschwanzes werden diverse Papiere in bunten Farben benötigt. Als Material eignen sich sehr gut „alte" Geschenkpapiere. Aber auch in allen möglichen Zeitschriften und Werbeprospekten findet man viele farbige Abbildungen, die als Material für die Schwanzfedern geeignet sind.
Am besten bitten Sie die Kinder, schon eine Woche vorher Material zu sammeln.

Vorzeichnung
Die Kopiervorlage soll den Kindern als Zeichenhilfe dienen und zum „Abzeichnen" an der Tafel hängen.

Hintergrund
Der Hintergrund wird in „Wiese" und „Himmel" unterteilt und mit Hilfe des Malschwämmchens eingefärbt. Die Farbe wird mit dem Borstenpinsel gut angerührt und mit Pinsel und viel Wasser auf den Malschwamm aufgetragen, damit die Farbe möglichst transparent erscheint.

Beim Farbauftrag ist es wichtig, die Malrichtung einzuhalten. Der Himmel wird von oben nach unten und das Gras von unten nach oben aufgetragen. In der Mitte treffen sich beide Farben. Besonders gelungen ist das Gras, wenn es im oberen Bereich „ausgefranst" erscheint.

Hahn
Damit der bunte Schwanz gut wirkt, wird der Hahnenkörper braun angemalt. Für die anderen Details können Gelb, Orange, Rot und Ocker verwendet werden.

Schwanzfedern
Für den Hahnenschwanz werden nun aus den verschiedenen Papieren viele Schwanzfedern ausgeschnitten. Für die Form der einzelnen Schwanzfedern hatten die Kinder viele eigene Ideen.
Wichtig ist, dass beim Aufkleben von hinten nach vorne geklebt wird, damit die vorderen Federn nicht von den hinteren verdeckt werden.

Präsentation
Diese Bilder haben wir auf gelbes oder rotes Tonpapier aufgeklebt und in Bilderrahmen gehängt. Die „stolzen Hähne" sind recht zeitlos und können durchaus einige Monate hängenbleiben.

Kriterien zur Leistungsbewertung
1. Wurde der Hintergrund transparent angelegt?
2. Wirkt das Gras wie Gras?
3. Wurde der Hahn sorgfältig deckend ausgemalt?
4. Wie sorgfältig und ideenreich wurden die „Federn" ausgeschnitten und aufgeklebt?
5. Wie ist der Gesamteindruck?

Schülerbeispiele

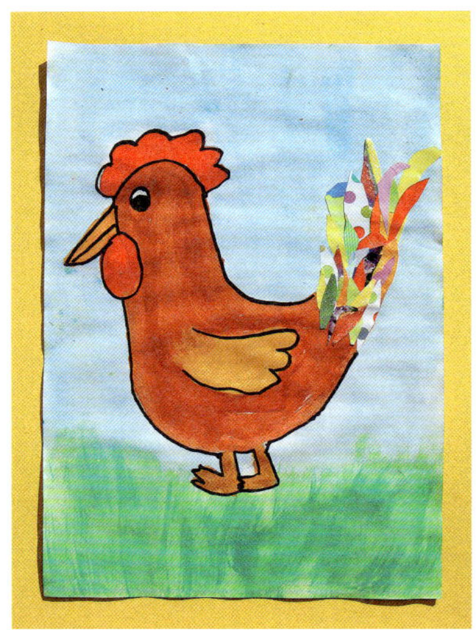

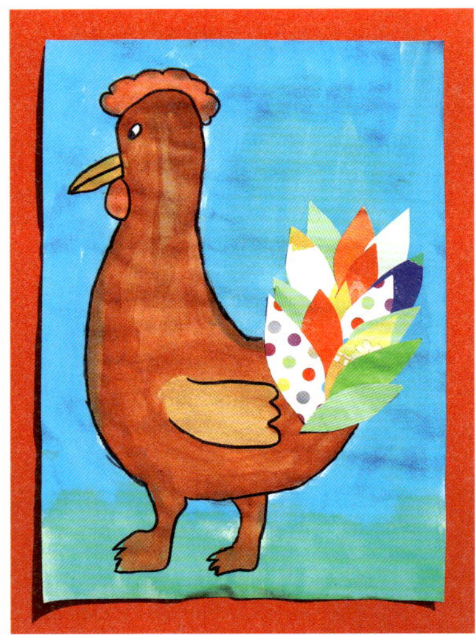

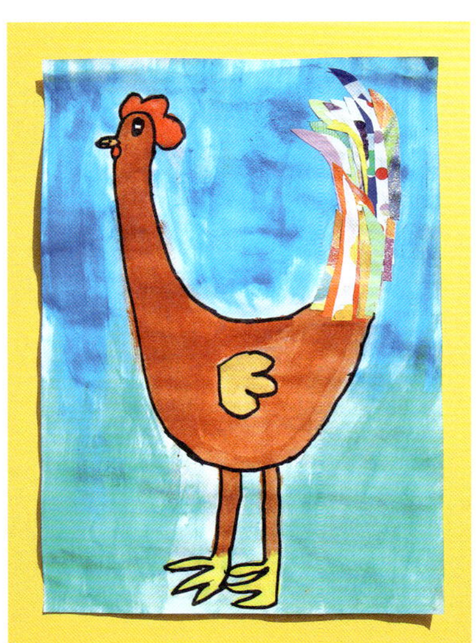

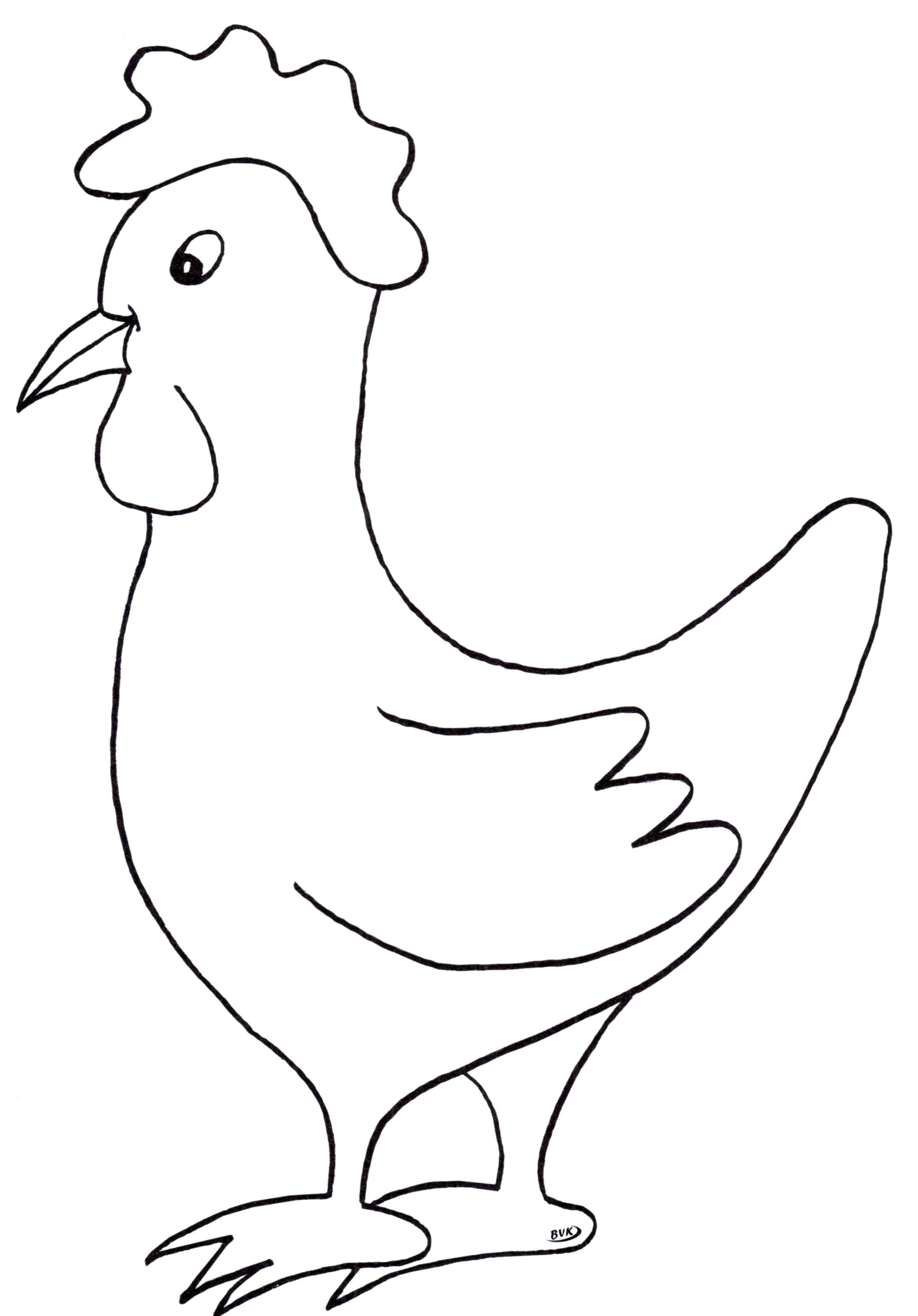
BVK

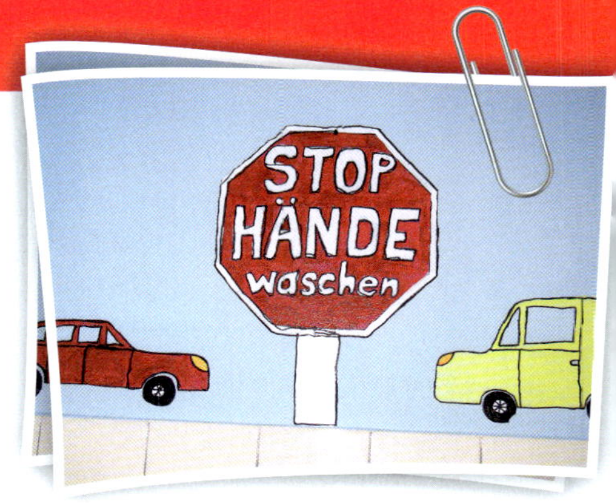

Wandbemalung der Toiletten

Zeit

pro Kind (je 2 Blumen / Autos) etwa 1 Unterrichtsstunde plus je 1 Unterrichtsstunde für den Einstieg (Entwurf) und das Zeichnen der Konturen

Material

für den Entwurf: Malpapier (ca. 20 x 40 cm), Bleistift, Schere
für die Wandbemalung: wasserlösliche Acrylfarben aus dem Baumarkt (in möglichst vielen verschiedenen Farben, Weiß und für die Autoreifen auch Schwarz), Borstenpinsel (dicke und feine), Farbgefäße (z. B. alte Gläser mit Schraubverschluss), Malerflies zum Abdecken des Bodens, eventuell Folien zum Abkleben der Fliesen, Schwamm, Rolle mit Küchentüchern, schwarze Marker

Wichtig: Während der Wandbemalung sollten die Kinder alte Kleidung tragen, da erfahrungsgemäß auch mit Kittel Schuhe, Hosen und Pullis Farbe abbekommen. Acrylfarbe lässt sich nicht mehr auswaschen!

Bereiche

Räumliche Gestaltung, Farbige Gestaltung

Lernziele & **Kompetenzerwartungen**

- zeichnerische Gestaltung einer Blume oder eines Autos
- farbige Gestaltung der Blume / des Autos unter Berücksichtigung der Nachbarfiguren
- Akzente setzen durch schwarze Linien
- gemeinsames Verschönern eines Schulraumes
- **Räume gestalten und Raumwirkungen verändern**
- **Farben und Farbwirkungen bei der Gestaltung von Räumen nutzen**

Info

Wandbemalungen sind bei den Kindern unserer Schule immer sehr beliebt und verschönern das Schulgebäude aktiv und nachhaltig.
Lange habe ich über Motive für unsere Toiletten nachgedacht. Auf die so simple wie geniale Lösung brachte mich ein kleines Besuchermädchen. Sie zeichnete in der Besucherstunde eine Reihe von nebeneinanderstehenden Blumen. Dieses Bild brachte mich auf die Idee: Blumen für die Mädchentoilette und für die Jungentoilette passten Autos. Der Vorteil an diesen „kleinen" Motiven ist, dass jedes Kind mit seinem eigenen kleinen Kunstwerk einen Teil zu einem **Gesamtkunstwerk** beiträgt.

Beachten Sie, dass eine solche Aktion bei der Schulleitung und eventuell auch bei der Stadt genehmigt werden muss. Oftmals ist die Stadt über solche Aktionen froh, sodass sie auch zu einem finanziellen Beitrag für das Material bereit ist.

Blumen bzw. Autos können auch wunderbar an andere Wände des Schulgebäudes gemalt werden. Am besten gehen Sie gemeinsam mit ihren Kindern durch das Schulhaus oder um das Schulgebäude herum und sammeln Vorschläge, wo eine Wandbemalung passen würde.

Vorbereitung

Grundierung der Wand

Bevor die Kinder eine Wand bemalen, sollte diese gut vorbereitet sein. Unser Hausmeister freut sich immer, wenn wir die Schule verschönern wollen, sodass er uns bei dieser Aktion die Wände vorstrich. Vielleicht haben Sie aber auch engagierte Eltern, die gerne helfen.

Achtung: Außenwände müssen zuerst mit einem Haftgrund gestrichen werden, da sonst die Farbe durch die Witterung leicht wieder abblättert!

Entwürfe

Jedes Kind erhielt von mir ein Zeichenblatt in der Größe von ca. 20 x 40 cm. Darauf sollte es möglichst formatfüllend eine Blume / ein Auto aufzeichnen.
Fand das Kind sein Motiv gelungen, musste es ausgeschnitten werden. An dieser Stelle zeigte es sich schon – insbesondere bei den Blumen – wo Flächen zu schmal oder zu klein waren. Lassen Sie jedes Kind mehrere Entwürfe anfertigen. Bei den Autos wurden PKWs und LKWs entworfen.

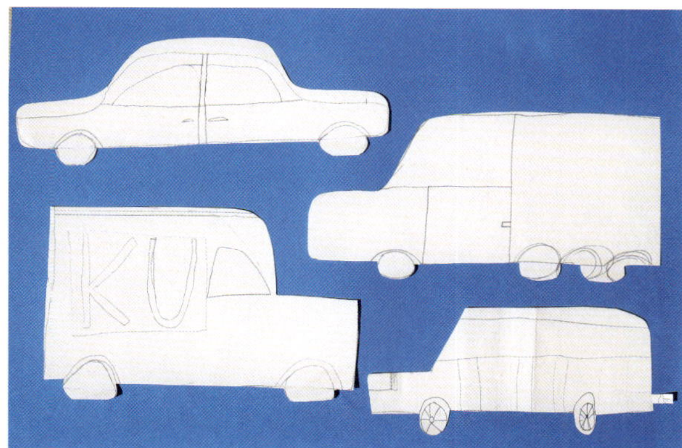

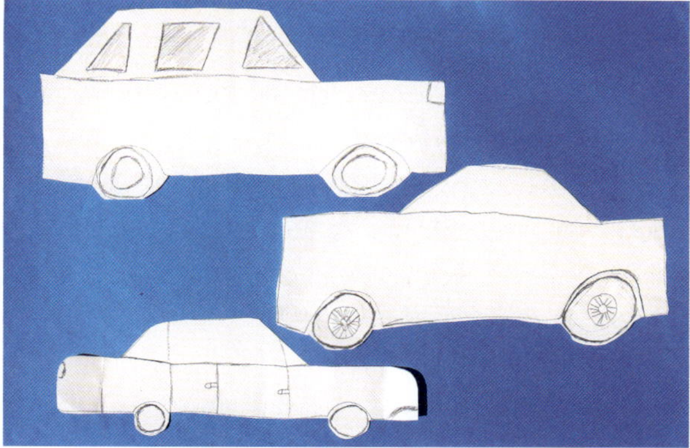

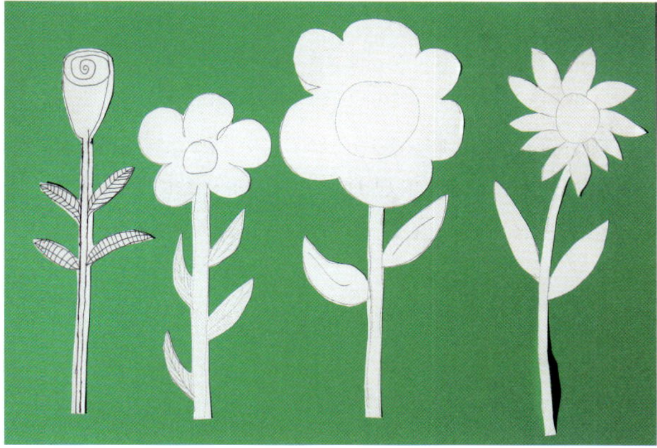

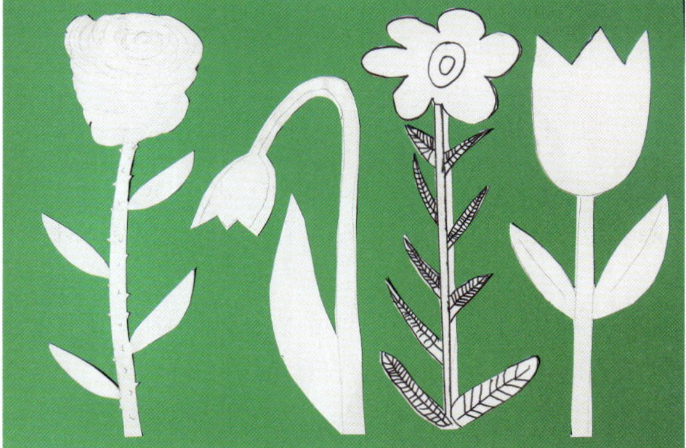

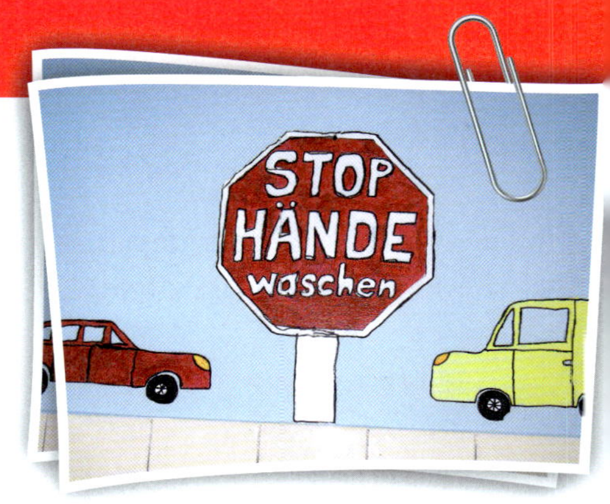

Vorzeichnen

Die von den Kindern ausgeschnittenen Motive dienen als Schablone. Da es für die Kinder sehr mühsam ist, ein Motiv mit Hilfe einer Papierschablone an die Wand zu zeichnen, habe ich die Vorzeichnung mit schwarzem Marker übernommen und somit auch einen Einfluss auf die Anordnung genommen. Die Blumen fasste ich immer zu kleinen Gruppen zusammen, bei den Autos wechselte ich Größen und Fahrtrichtung ab.

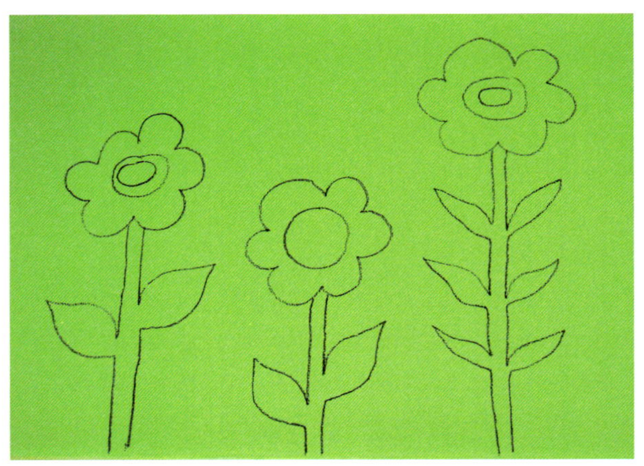

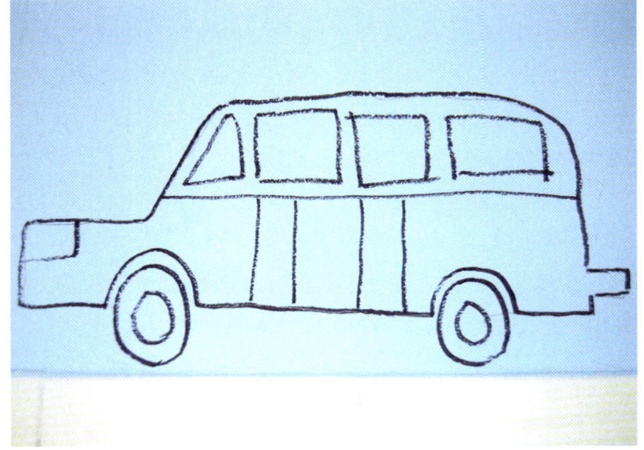

Die Toilettenregel: „Hände waschen!" wurde ebenfalls integriert.

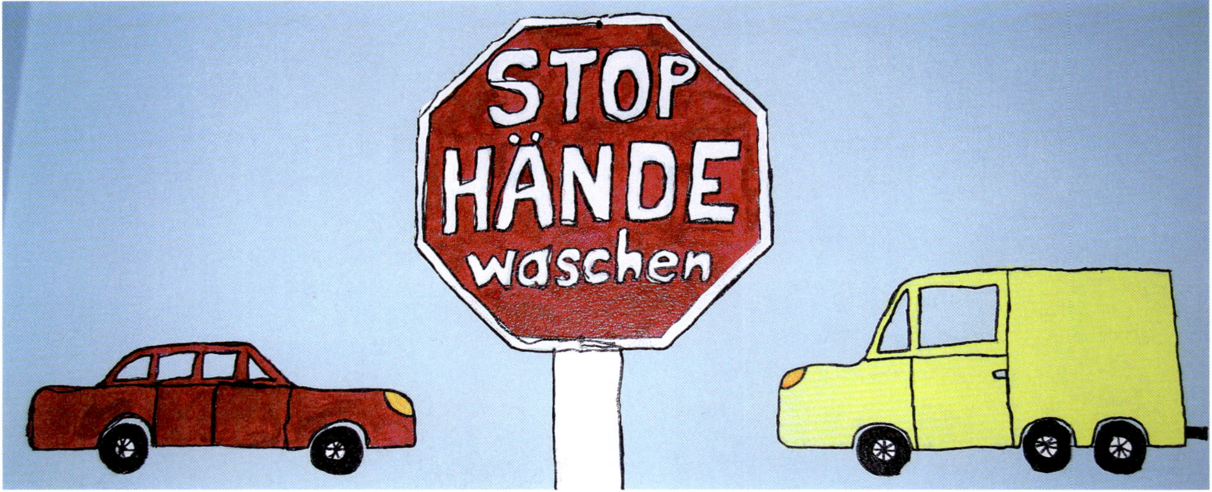

Vorgehensweise Ausmalen

Organisation

Eine Wandbemalung kann nicht mit 30 Kindern gleichzeitig erfolgen. Es bietet sich an, diese Aktion in einen Tagesplan zu integrieren und immer Kleingruppen von etwa 4–6 Kindern an der Wand arbeiten zu lassen. Vorher muss aber allen klar sein, wer welche Blume / welches Auto anmalen darf.

Bei der Toilettenbemalung gab es zwei „Räume“, sodass rund zehn Kinder gleichzeitig arbeiten konnten.

Vorbereitung

Je nach Raumsituation müssen vorher Teile der Wand (und die Fliesen) abgeklebt und der Boden mit Malerflies abgedeckt werden.

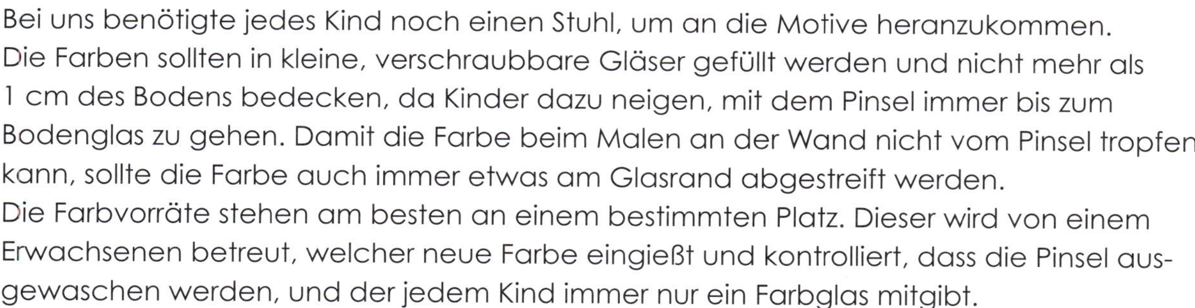

Bei uns benötigte jedes Kind noch einen Stuhl, um an die Motive heranzukommen.
Die Farben sollten in kleine, verschraubbare Gläser gefüllt werden und nicht mehr als 1 cm des Bodens bedecken, da Kinder dazu neigen, mit dem Pinsel immer bis zum Bodenglas zu gehen. Damit die Farbe beim Malen an der Wand nicht vom Pinsel tropfen kann, sollte die Farbe auch immer etwas am Glasrand abgestreift werden.
Die Farbvorräte stehen am besten an einem bestimmten Platz. Dieser wird von einem Erwachsenen betreut, welcher neue Farbe eingießt und kontrolliert, dass die Pinsel ausgewaschen werden, und der jedem Kind immer nur ein Farbglas mitgibt.

Erste Hilfe bei Fehlern & Klecksen

Für eventuelle Kleckse und unbeabsichtigte Farbnasen ist es hilfreich, einen feuchten Schwamm und eine Rolle Küchentücher griffbereit zu haben. Wenn bei einem Fehler die Farbe sofort mit dem feuchten Schwamm abgewischt wird, bleibt meistens kaum etwas zurück. Die Stelle anschließend mit einem Küchentuch trockentupfen und für den nächsten Einsatz den Schwamm wieder gut unter fließendem Wasser säubern.

Malen

Zum Ausmalen der Motive sollten Borstenpinsel der Größen 8 bis 12 verwendet werden. Sind die Motive sehr groß, entsprechend größere Pinsel wählen.
Die Kinder sollen von oben nach unten malen, damit sie ihr Motiv nicht durch ihre aufstützende Hand verschmieren. Die Autoreifen werden als Letztes ausgemalt.

Nach dem Malen müssen die Pinsel immer gut ausgewaschen werden, da eingetrocknete Pinsel nicht mehr zu verwenden sind.

Konturen

Nach mindestens einem Tag Trockenzeit können die Konturen mit schwarzem Marker nachgezogen werden. Auch Details – wie die Felgen der Autos – können noch eingezeichnet werden.

Leistungsbewertung

Bei dieser Gemeinschaftsarbeit sollten Sie als Lehrer nicht jedes einzelne Motiv bewerten, sondern das Arbeitsverhalten, wie Hilfsbereitschaft, Rücksichtnahme und sorgfältigen Umgang mit Material und Raum beobachten und später mit in Ihre Gesamtbewertung einfließen lassen. Überraschenderweise sind oft „unruhige“ Kinder mit äußerster Konzentration bei der Sache!

Hier das Ergebnis in der Jungentoilette

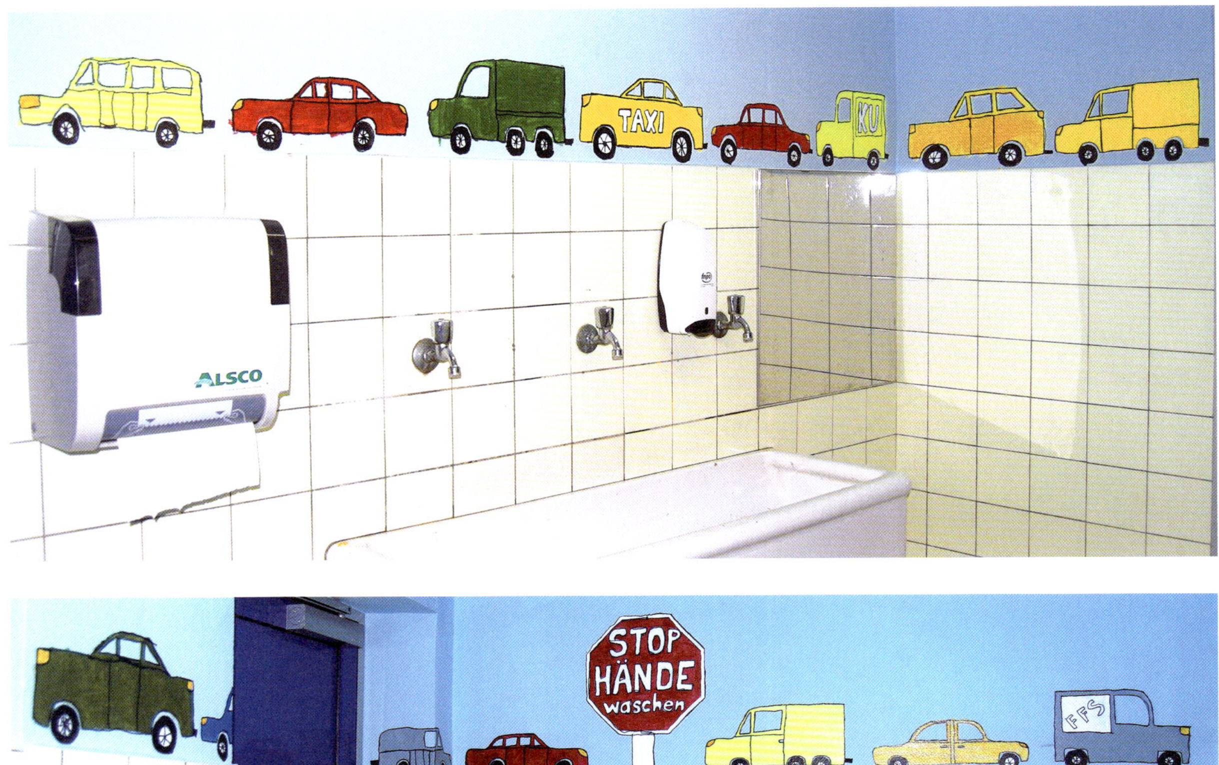

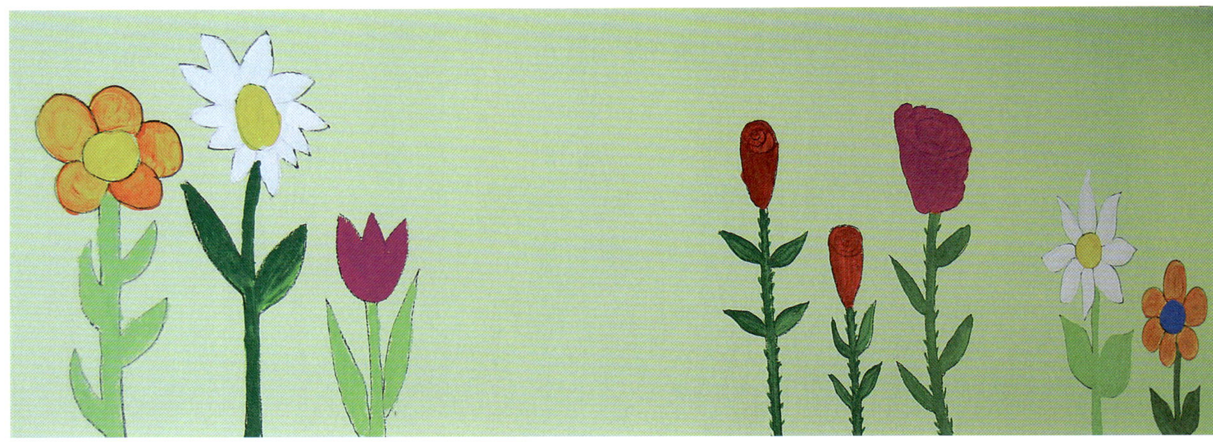

Und hier ein Einblick in die Mädchentoilette

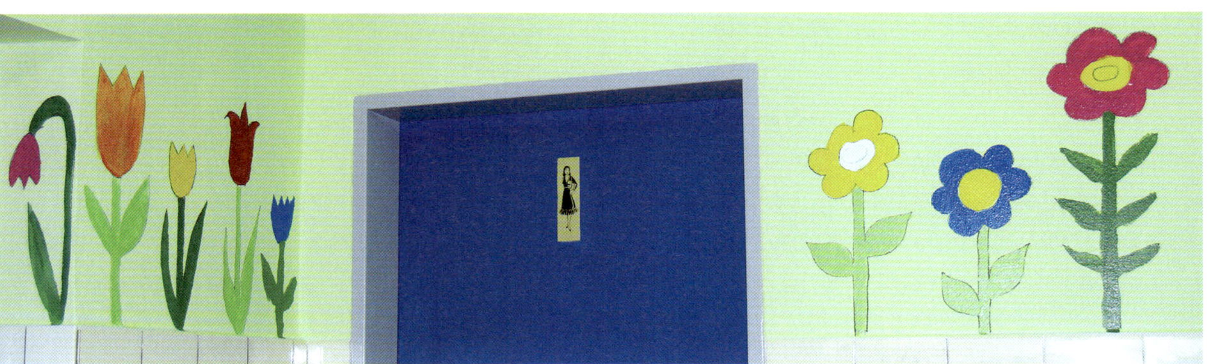